AF231665

GRAMMAIRE GÉNÉRALE

ET

PHILOSOPHIQUE.

GRAMMAIRE GÉNÉRALE

ET

PHILOSOPHIQUE,

PRÉCÉDÉE

D'UN COUP—D'ŒIL SUR LA NATURE ET LE MÉCANISME
DES LANGUES,

PAR M. LE COMTE E. DE MONTLIVAULT,

ANCIEN CAPITAINE DES VAISSEAUX DU ROI.

> Le langage exige trois efforts :
> 1º Le retenir,
> 2º L'appliquer à la pensée,
> 3º L'analyser.
> Les animaux s'arrêtent au premier,
> le vulgaire au second...
> *Rivarol*, (inédit).

PARIS,

A. PIHAN DELAFOREST,

IMPRIMEUR DE MONSIEUR LE DAUPHIN, DE LA COUR DE CASSATION,
DE L'ASSOCIATION PATERNELLE DES CHEVALIERS DE SAINT-LOUIS,
DU COLLÉGE ROYAL DE SAINT-LOUIS,
rue des Noyers, nº 37.

1828.

AVANT-PROPOS.

L'ouvrage que je publie était resté depuis quinze ans dans mon portefeuille ; le zèle de quelques amis l'en a fait sortir. J'avoue cependant que, distrait depuis long-temps par des occupations et même des études d'un genre tout-à-fait opposé, j'ai senti combien il m'était difficile de ramener mes idées sur ce sujet, et je redoutais d'en offrir l'ensemble au public, sous le titre de *Grammaire générale et philosophique.* Mais, me dira-t-on, des gens du plus haut mérite, depuis Port-Royal jusques à nos jours, se sont occupés de ces abstractions métaphysiques avec une sagacité et un talent qui semblent ne rien laisser à désirer.

Cela est vrai : je ne serais donc pas surpris que sur son titre seul, cet ouvrage ne parût *présomptueux* ou *superflu* : superflu, s'il ne dit rien de neuf; présomptueux, si l'auteur ose s'en flatter. De quelque voile de modestie, en effet, qu'un écrivain cherche à s'envelopper, le seul acte d'une publication nouvelle sur un sujet déja traité maintes et maintes fois avec succès, suppose nécessairement dans son auteur l'espérance de faire mieux, ou du moins plus que ceux qui l'ont précédé. J'aurais tort, je crois, de dissimuler que tel est en grande partie mon espoir, en tant, du moins, que j'aurais fait dépendre toutes les opérations du langage d'un seul principe pris dans la constitution physique de l'univers, et que j'en aurais fait découler des conséquences, qui, en donnant à l'art de la parole des fondements plus certains, en rendraient l'ensemble plus facile à saisir.

Dans une composition de cette nature, un auteur se trouve inévitablement placé entre deux écueils également redoutables ; l'insuffisance et la prolixité. C'est dans l'étroit intervalle qui les sépare que j'ai cherché à me maintenir ; fuyant d'un côté l'exubérance des développements, de l'autre la sécheresse des principes isolés. J'ai souvent eu lieu de me convaincre que la multitude des exemples et des applications nuit à l'ensemble du plan, et empêche d'en saisir l'effet général ; tandis que la nudité des principes, formant plutôt un sommaire qu'un ouvrage, laisse le lecteur dans un vague et une incertitude complète sur leur justesse. C'est ainsi, quel que soit d'ailleurs son mérite réel, qu'un tableau vu de beaucoup trop près, ou de beaucoup trop loin, manque également son effet.

J'ai donc dû chercher à ne paraître ni trop court pour l'intelligence du lecteur, ni trop long pour sa patience. C'est de cette manière que je suis parvenu à comprimer sous un mince volume ce qui aurait pu m'en fournir plusieurs. D'ailleurs, l'instruction plus généralement répandue actuellement, dispense un auteur de tout dire et de tout expliquer à une classe de lecteurs à qui ces matières sont devenues presque familières.

L'application du principe général sur lequel je me fonde étant commune à tous les dialectes connus, doit rendre l'étude et la métaphysique des langues moins ardue et moins obscure. C'est un fil, c'est un flambeau que j'ai cherché à porter dans ce dédale; mais ce flambeau sera-t-il saisi, ce fil sera-t-il accepté du public? c'est ce que son silence ou son approbation pourra seul me faire connaître.

GRAMMAIRE GÉNÉRALE

ET

PHILOSOPHIQUE.

COUP-D'ŒIL

SUR LA NATURE ET LE MÉCANISME DES LANGUES.

Parler, c'est manifester ses idées et ses sentiments; c'est-à-dire, sa pensée par l'intermédiaire de la voix réduite en sons articulés, ce qui constitue la *parole*. Ces sons et ces articulations sont de convention et purement arbitraires : s'ils étaient le résultat forcé de notre organisation, il n'y aurait qu'une seule langue.

Nos idées et nos sentiments sont de deux espèces, ou de deux ordres différents ; l'un, qui appartient ou qui dérive du monde matériel et réel qui nous entoure et dont nous faisons partie ; l'autre, d'un monde fictif et imaginaire que nous nous formons intérieurement et qui n'existe qu'en nous-mêmes. Mais ce monde fictif est tellement calqué dans ses éléments et ses combinaisons sur le monde réel, que l'imagination qui en est toujours l'architecte *, est véritablement *une nature à nos ordres*, qui ne connaît et n'emploie d'autres matériaux que ceux qu'elle emprunte à son modèle, et, pour parler sans figure, que les expressions qui appartiennent à l'un de ces ordres d'idées et de sentiments sont les mêmes pour l'autre.

Le monde matériel et le monde intellectuel jouent donc dans le langage le même rôle. Nous pouvons alors, pour plus de clarté, ne considérer

---

* C'est dans cette vue, sans doute, que les Allemands l'ont nommée, *einbildung*.

comme objets de nos pensées, que ce qu'il y a de réel et de positif soit hors de nous, soit au dedans de nous ; puisque tout ce qui se dit au *figuré* n'est qu'un emprunt, une imitation, ou plutôt une copie exacte de ce qui se dirait au *propre*.

Ceci posé, les objets qui sollicitent nos pensées ne feraient que se peindre à notre esprit d'une manière stérile, comme dans un miroir qui réfléchit l'image sans la conserver, si cette divine faculté qui nous fut accordée, d'apercevoir les objets, de les comparer ensuite, de les combiner, etc., ne saisissait en même temps les rapports de ces objets avec nous, et de ces objets entre eux. De la complication à l'infini de tant d'objets et de la multiplicité de leurs rapports se forment en nous le jugement et enfin le raisonnement. *Concevoir, comparer, juger* et *raisonner*, paraissent être effectivement les fonctions successives de notre esprit.

Ces objets et leurs rapports ont donc dû être rangés sous autant de signes vocaux, c'est-à-dire, de mots différents, et former dans l'esprit humain deux grandes classes bien distinctes, qui à l'exception d'un seul mot, le *verbe*, dont nous parlerons plus bas, composent l'immense vocabulaire de quelque langue que ce soit. Chacune de ces deux classes ou catégories correspond aux deux formes génératrices sous lesquelles le monde physique se manifeste à nous, la *matière* et le *mouvement*. Les objets en eux-mêmes, considérés séparément ou collectivement appartiennent toujours à la *matière* : les rapports qui existent entre eux appartiennent au *mouvement*, sans lequel il n'en existerait aucun ; et de même que dans le monde réel et physique, ces deux éléments de toute combinaison sont sans cesse confondus et entremêlés ; de même dans la pensée de l'homme et conséquemment dans le discours qui doit en être la fidèle représentation, les objets et leurs rapports sont sans cesse entremêlés et confondus.

Ces deux grandes catégories grammaticales se partageraient de la manière suivante, les différentes divisions du langage ou parties du discours, établies par les grammairiens, à l'exception du verbe, qui doit trouver sa place ailleurs.

<table>
<tr><td align="center">1re CATÉGORIE.</td><td></td><td align="center">2e CATÉGORIE.</td></tr>
</table>

1re CATÉGORIE.		2e CATÉGORIE.
LES OBJETS.		**LES RAPPORTS.**
L'Article.		Les Prépositions.
Le Nom { substantif. / adjectif.		Les Particules.
Le Pronom.		Les Conjonctions.
L'Adverbe.		L'Adverbe.

L'adverbe étant toujours analytiquement une contraction d'une préposition et d'un nom, sous un seul signe vocal, ce qui veut dire, d'un signe de *rapport* et d'un signe d'*objet*, n'appartient à proprement parler, à aucune de ces deux catégories en particulier, mais à toutes deux ensemble.

Je n'y ai point compris non plus *l'interjection*, que je ne puis ranger dans aucune classe de mots, puisqu'elle ne correspond à aucun *objet* précis de la pensée, ni à aucun *rapport*, encore moins au verbe. C'est une simple voix, un cri inarticulé également arraché à la douleur, à la joie, à la surprise, à l'indignation, à l'admiration, etc. L'*interjection* ou l'*exclamation* n'est donc que la révélation auditive d'un état subit de l'ame, une véritable explosion du sentiment qui se manifeste par un cri, tant soit peu modifié chez les différents peuples, et que l'Écriture représente ou plutôt note comme elle le peut; car il appartiendrait plutôt à la musique qu'à la parole; il serait moins difficile de lui trouver un sens musical que grammatical. L'*interjection* enfin forme tout le vocabulaire naturel des animaux, de certains sauvages dégradés presque jusqu'à l'état de brutes, et même des sourds-muets, auxquels l'éducation n'a pas rendu la parole *.

Au dire des philosophes qui ont le plus appro-

---

* The dominion of speech is erected upon the douwfall of interjections. Without the artfull contrivances of language, mankind would have nothing but interjections with which to communicate, orally, any of their feelings. The neighing of a horse, the lowing

fondi ces matières, nous *concevons* d'abord, nous *comparons* ensuite; enfin nous *jugeons*. Raisonner, n'étant au fond que comparer et combiner différents jugements pour en tirer une nouvelle conclusion, c'est-à-dire, un autre jugement, c'est former une suite de jugements. C'est donc cette opération intellectuelle, le jugement, qui est la fonction importante de notre esprit. Mais cette opération, il faut l'exprimer, il faut la rendre sensible dans le discours. Or, tout cet attirail de mots, cette double et immense nomenclature dont nous venons de parler, ne serait qu'un amas inerte de paroles vagues et indéterminées, sans la présence et le concours du mot qui, seul, est chargé d'exprimer ou de manifester cet acte de l'intelligence, qui seul, donne un sens et, pour ainsi dire, la vie à la phrase: je

---

of a cow, the barking of a dog, the purring of a cat, sneezing, coughing, groaning, Shrieking, and every other involuntary convulsion with oral sound, have almost as good a title to be called parts of speech as interjections have.　　　H. Tooke.
ΕΠΕΑ ΠΤΕΡΟΕΝΤΑ.

veux dire le *verbe*. Ce mot demande un article à part, sans doute : néanmoins, pour l'intelligence de ce qui va suivre, je suis obligé d'anticiper ici, et d'entrer dans quelques considérations générales sur sa nature et ses fonctions.

Le *verbe*, dérivé du latin *verbum*, signifie parole, ou, comme qui dirait, dans l'application grammaticale, le *mot* par excellence. Il mérite effectivement ce titre, puisqu'en lui réside tout le sens du discours. Sa présence seule détermine la forme de la pensée et donne une existence positive au langage, qui sans lui ne serait, comme nous l'avons dit, qu'une suite incohérente de sons et d'articulations. Il suffit pour s'en convaincre, de dépouiller une phrase quelconque, ou même une simple proposition, du verbe qui l'anime, pour tomber immédiatement dans un vague dont lui seul peut nous tirer. Par exemple l'*enfant... sage*. L'embarras du lecteur ou de l'auditeur sera manifeste, si aucune autre donnée ne vient à son secours. On ne peut déterminer si ces deux mots veulent dire que l'enfant *est sage*, ou *n'est pas sage* : si l'enfant *a été* sage, s'il *a promis* d'être sage, ou s'il *deviendra* sage, etc.; ces deux mots pouvant être modifiés par une multitude de circonstances que lui seul peut indiquer. Que serait-ce donc, si, au lieu d'une simple proposition, l'on prenait pour exemple une phrase un peu compliquée ? Les deux vers suivants suffiront pour s'en faire une idée.

Il... au front de ceux qu'un vain luxe...
Que la fortune... ce qu'on... qu'elle....

Certes, ceux qui n'auraient jamais lu *La Fontaine* ne pourraient se faire une idée de ces deux vers. Un exemple en prose offrirait encore plus de difficulté, car, dans celui-ci, la mesure et la rime seraient deux données qui pourraient mettre sur la voie. Ce sont les matériaux épars d'un édifice qui attendent l'architecte pour les coordonner suivant un plan quelconque ; cet architecte, dans le discours, est le verbe ; et le verbe est l'expression de l'acte *intellectuel* qui a combiné ces objets et leurs rapports pour en former un tout *intelligible* ; c'est-à-dire, devant exciter dans l'esprit de l'auditeur la même combinaison d'objets et de rapports que celle qui existe dans l'esprit de l'interlocuteur, et coordonnée suivant le même plan, en un mot la même pensée. La présence du verbe est donc indispensable ; et ceux qui connaissent la langue allemande, savent que le génie de cette langue repoussant presque toujours le *verbe* à la fin de chaque période, l'esprit reste en suspens jusqu'à ce dernier mot, qui seul illumine tout-à-coup la phrase. Sans lui enfin, tout serait confus et inintelligible.

La haute fonction de ce mot miraculeux et vivifiant est donc de manifester la forme de notre pensée et d'énoncer par conséquent notre jugement, puisque tout discours est une suite de propositions ou au moins une proposition ; et que toute proposition est un jugement. Sa fonction est donc de déterminer une *idée précise* dans l'esprit des auditeurs ou des lecteurs. C'est, je le crois, dans ce sens que MM. de Port-Royal ont prétendu que le verbe portait avec lui *l'affirmation*, c'est-à-dire, que sa présence tire l'esprit de l'état de vague et d'indécision où le jetterait une suite de mots qui n'exprimerait que des objets ou des rapports sans en rien conclure, pour lui donner quelque chose de *ferme* et de positif à saisir : c'est donc dans le sens purement philosophique et non dans le sens judiciaire qu'il faut entendre le mot *d'affirmation*. Par exemple, j'ai la lune devant les yeux ; je conçois en même temps l'idée de la rondeur ; je compare ces deux perceptions ; je m'aperçois que l'une convient à l'autre, j'ai le sentiment de leur concordance et *je juge* qu'elle existe. Je manifeste alors mon *jugement* sous cette forme, *la lune est ronde*. Ici, le mot *est*, c'est-à-dire le verbe, donne à la phrase, expression de mon jugement, toute sa valeur et toute sa signification. Celui qui m'écoute est certain que tel est mon jugement. Si j'eusse simplement dit, *la lune ... ronde*, à la manière des enfants qui commencent à assembler quelques mots, rien n'eût été plus vague, surtout dans la bouche d'une personne faite ; car chez les enfants, le cercle des idées est encore si peu étendu, que dans ce cas-ci on ne pourrait guère leur supposer d'autre idée que celle de l'accord de la rondeur avec le spectre de la lune : d'autant que la nature de l'esprit humain nous porte à saisir plus facilement les accords et les ressemblances, que les distinctions et les différences qui sont le résultat de l'expérience, ou d'une recherche minutieuse, ou d'un plus fréquent exercice du jugement. Nous retomberions alors dans l'inconvénient signalé plus haut de n'offrir à l'esprit, par le simple rapprochement de ces deux mots *lune ... ronde*, rien de positif ; mais la présence du verbe lui donne toute la clarté et la précision possible, et quand j'énonce mon jugement que *la lune est ronde*, celui qui m'entend sait à quoi s'en tenir sur mon jugement, quand bien même le sien serait différent. Cette énonciation est donc pour lui une certitude, une *affirmation* du jugement intérieur que j'ai porté, ou que je prétends avoir porté : car la grammaire ne jugeant que des formes du langage, ne sonde jamais la conscience et ne connaît ni le mensonge ni l'hypocrisie *.

Je crois inutile de remarquer ici ou du moins d'insister sur ce qui a été si souvent répété, c'est que la *négation* est toujours une *affirmation* dans le sens dogmatique. Nier que *la lune soit ronde*,

---

* Tout le monde connaît le fameux syllogisme grec : *Créon affirme que tout Crétois est menteur; or, Créon est Crétois, donc il est menteur. Mais si Créon est menteur, il a donc menti; s'il a menti, les Crétois ne sont donc pas menteurs. Maintenant, si les Crétois ne sont pas menteurs, Créon qui est Crétois, n'est donc pas menteur : s'il n'est pas menteur, il n'a donc pas menti, donc les Crétois sont menteurs. Mais Créon est Crétois*, etc. Ce syllogisme, comme on le voit, est interminable. C'est, en logique, un cercle vicieux. Mais, en grammaire, le dire de *Créon : Tout Crétois est menteur*, est un jugement, une *affirmation*, dont la vertu se trouve dans le mot *est*. Du reste, que *Créon* ait dit la vérité ou non, l'*affirmation* grammaticale n'en subsiste pas moins dans toute sa vigueur. C'est-à-dire, qu'il a donné à l'esprit quelque chose de ferme et de réel à saisir, au lieu du vague et de l'indétermination qui seraient résultés de la simple réunion de ces mots: *tout Crétois — menteur*, qui n'auraient pas été vivifiés par le verbe.

c'est évidemment manifester son jugement et affirmer par conséquent que la *lune n'est pas ronde*,
ou que la figure de cet astre ne répond pas, ou ne
concorde pas avec le sentiment que l'on a de la
rondeur. C'est une *affirmation* de non concordance,
une *affirmation négative*, et l'esprit tient compte
de ces *négations* à l'égal des *affirmations*. C'est ce
qui a fait dire à un élégant écrivain moderne que
dans le discours, *le néant marche à côté de la création.*

Le langage est effectivement perpétuellement
entrelacé (bigarré) de ces *affirmations* et de ces
négations. Elles répondent aux quantités positives
et négatives de l'algèbre. On peut même faire un
rapprochement assez curieux entre le langage habituel des peuples et celui des algébristes, qui peut
jeter quelque lumière sur l'analyse du langage et
qui tendrait à démontrer, s'il en était besoin, que
l'algèbre est une véritable langue et sous ce rapport, elle entre certainement dans le domaine de la
grammaire générale. On dit en algèbre que *plus*

par *plus* donne *plus*, c'est-à-dire, qu'une quantité positive, multipliée par une quantité positive, a pour produit une autre quantité positive : que *moins* par *moins* donne *plus*, c'est-à-dire, qu'une quantité négative, multipliée par une quantité négative, a pour produit une quantité positive : enfin, on dit, que *plus* par *moins* et *moins* par *plus* donnent *moins*, c'est-à-dire, produisent une quantité négative. Les mêmes résultats ont lieu dans le langage habituel. Deux affirmations équivalent à une affirmation ; deux négations équivalent aussi à une affirmation : enfin, le mélange d'une affirmation et d'une négation équivalent à une négation.

L'exemple suivant rendra plus sensible ce que j'avance ici :

1 J'affirme que vous êtes un honnête homme.

2 Je n'ai pas affirmé que vous n'étiez pas un honnête homme.

3 J'affirme que vous n'êtes pas un honnête homme.

4 Je n'ai pas affirmé que vous fussiez un honnête homme.

<table>
<tr><td>Dans le 1er ex. il y a double affirmation,
Dans le 2e ex. il y a double négation,</td><td>L'une et l'autre de ces locutions rangent l'individu dans la classe des honnêtes gens.</td></tr>
<tr><td>Dans le 3e ex. il y a une affirmation suivie d'une négation,
Dans le 4e ex. il y a une négation suivie d'une affirmation,</td><td>L'une et l'autre de ces locutions rangent l'individu hors de la classe des honnêtes gens.</td></tr>
</table>

On voit, 1° que deux affirmations n'en font qu'une; 2° que deux négations produisent une affirmation, axiome reçu depuis long-temps; 3° que toute affirmation de négation, ou toute négation d'affirmation équivalent à une négation, ou ont un sens négatif. La logique et l'algèbre sont donc d'accord sur ce point, avec cette différence cependant que le langage usuel y apporte des nuances que l'algèbre ne peut connaître, puisqu'elle n'opère que sur des quantités; autrement elle aurait quelque chose de vague opposé à sa nature. Le second et le quatrième exemple présentent en effet une nuance moins tranchante que le premier et le troisième : ils disent implicitement ce que ceux-ci disent explicitement.

Je reviens à l'exemple cité plus haut, *la lune est ronde :* en parlant ainsi, j'énonce mon jugement sur la forme de cet astre; c'est ce que les logiciens nomment une *proposition*, c'est-à-dire une formule de langage composée de deux termes : le premier s'appelle *sujet*, le second *attribut*, liés et animés par la présence du verbe qui seul porte et manifeste *l'affirmation*. MM. de Port-Royal ont traité cette matière de manière à ne rien laisser à dire à leurs successeurs. Nous remarquerons néanmoins, à ce sujet, que les deux termes d'une proposition étant nécessairement pris dans les deux catégories ci-dessus, expriment nécessairement deux sensations : ils appartiennent donc à la faculté de sentir, ce qui est purement *passif*. Les deux termes d'une proposition sont donc alors deux·sensations mises en regard et comparées dans notre esprit qui cherche à établir la convenance ou la disconvenance, la concordance ou la discordance de ces deux sensations. Or, dans toute sensation ou image, l'intelligence est purement *passive ;* tandis que la liaison entre les deux termes, *le verbe,* appartient à la nature, à l'essence même de notre esprit, et est alors essentiellement *actif.* C'est par cette raison que je n'ai rangé le mot unique, *le verbe substantif,* dans aucune des deux grandes catégories ci-dessus, lesquelles nous sont fournies toutes par des causes extérieures, tandis que le verbe atteste une faculté interne et dérive de la cause efficiente de notre être.

Le mot français *penser* que nous employons dans le sens d'exercer intérieurement cette faculté de jugement, vient du mot latin *pensare,* qui, comme on le sait, signifie *peser,* et plus littéralement encore, *égaliser* par des poids : ce qui doit faire présumer que, par ce mot, on a eu en vue d'assimiler les opérations de notre esprit à l'effet mécanique d'une balance, pesant tour à tour les divers rapports de convenance, de ressemblance, d'égalité, de disparité ou autres qui nous déterminent à former et à manifester notre jugement, que telle chose *est* ou *n'est pas.* Dans le cas de l'affirmation, il y a, comme le disent encore les algébristes, *équation* dans notre esprit : dans le cas de négation, nous affirmons qu'il n'y a pas *équation*.

Si je dis : *ce pain de sucre pèse douze livres*, j'entends que ce pain est égal en pesanteur à un poids de douze livres. L'équation est évidente et les algébristes en nommant a cette masse de sucre, et l le poids d'une livre, exprimeraient ainsi cette locution, $a = 12\,l$. Mais si l'on me conteste les poids et qu'on me dise : *votre pain de sucre ne pèse pas douze livres*, il y aura négation d'égalité de poids : il n'y a donc plus *équation* : il y a non conformité de notions, par conséquent *absurdité* (pris dans le sens dogmatique). Or, cette absurdité étant ce que l'algèbre repousse, elle est impuissante à l'exprimer autrement que par le silence. Ceci est donc un exemple matériel. Mais si je dis : *M. N... est un honnête homme,* la balance se trouve égale dans mon esprit entre l'idée de *M. N...* et celle que je me forme de la probité. Il y a donc aussi *équation mentale,* c'est-à-dire convenance ou concordance entre les deux objets dont mon esprit s'occupe simultanément et qu'il compare l'un avec l'autre. La proposition contraire prouverait la non équation ou la non conformité, la discordance, en un mot, l'absurdité de ces deux objets de comparaison *.

En y réfléchissant, on se convaincra que, dans le discours, cette suite continuelle de jugements ou des opérations de cette *balance mentale* que l'on appelle *la pensée*, se résout sans cesse par des *équations* ou des *non équations*. L'algèbre, au contraire, ayant toujours pour but de procéder du connu à

---

* Les gens qui pèsent les ballots dans les maisons de roulage et aux poids-du-roi, passent leur vie, sans le savoir, à faire des équations. Une grosse balle marquée d'un x et un petit coffret marqué d'un y, sont mis dans un bassin, l'employé met, dans le bassin opposé, des masses de fonte dont le poids est marqué ; et la somme de ces poids s'élève à 232 kilogrammes. C'est donc algébriquement $x + y = 232 k$. Voilà bien certainement une équation, qui ordinairement n'est pas poussée plus loin. Il ne s'agit habituellement que de la poser et non de la résoudre, c'est-à-dire, de dégager les *inconnues* x et y. Cependant l'habitude et la sagacité des employés leur fait souvent présumer avec assez de justesse la nature des effets ou matières renfermées dans les ballots, par la comparaison plus ou

l'inconnu par le moyen de ces *équations*, c'est-à-dire des égalités, ne s'occupe jamais des discordances. Si elle en trouve, elle les abandonne sans en prendre note. En effet, une suite de quantités algébriques qui n'aboutirait pas au signe $=$ (égale) telle ou telle quantité, fût-ce même o, fût-ce encore une quantité négative, n'aurait aucun sens et ressemblerait à une phrase du langage habituel, en français commencée et interrompue avant le verbe, telle que celle-ci : *La personne que j'ai rencontrée hier au soir....* Si je m'arrête là, personne ne comprendra ma pensée; mais si j'ajoute : *était*

---

moins judicieuse qu'ils font du poids avec le volume. Ainsi, dans l'exemple ci-dessus, la grande dimension et le peu de pesanteur relative du grand ballot x, leur fera présumer que le contenu est du *coton* en nature. Le très petit volume du coffret y et son énorme pesanteur comparative, ne leur permet pas de douter que ce ne soit de l'or qui y est contenu; ils pourraient donc affirmer dans le cas actuel que sur les 232 kilogrammes, x en pèse 200 et y 32. C'est-à-dire, que x dégagé se trouve être un ballot de *coton écru* pesant 200 kilogrammes, y un coffret rempli d'or jusqu'à la concurrence de 32 kilogrammes. Mais s'il existe des cas particuliers où les inconnues peuvent être dégagées, en général la fonction de ces employés est de poser sans cesse des équations, mais non de les résoudre.

M. votre frère, ma phrase est complète, c'est-à-dire, mon équation. Je n'avais présenté qu'un des bassins de la balance dans lequel se trouvait placé le premier terme de ma proposition, *la personne, etc.* Je supprimais l'autre bassin dans lequel est l'idée de *M. votre frère*, ainsi que le signe de concordance, le verbe *était*, qui est véritablement le fléau de la balance, et détermine l'équation qui, dans ce cas, est l'identité de *la personne rencontrée hier au soir* et de *M. votre frère*. D'où l'on peut conclure enfin que, dans le langage algébrique, les lettres et les différents signes qui les modifient en sont les objets et leurs rapports, et que le signe $=$ joue le même rôle que le verbe dans le langage habituel : ce qui démontre en même temps qu'une réunion de termes algébriques ne signifie rien. Quand on n'y rencontre pas le signe, la phrase algébrique n'existe pas. Si cependant l'on trouve quelquefois des séries dénuées de ce signe, elles se trouvent dans le même cas que nos listes de noms, nos nomenclatures, telle que la suite des nombres, etc. : ce sont des matériaux prêts à être employés, mais qui par eux-mêmes ne constituent rien.

On pourrait penser que les équations dans le discours n'existent que pour le style direct et positif, et que si l'on sort du mode indicatif, par exemple, pour se jeter dans les modes éventuels ou hypothétiques, on ne retrouverait plus l'application de cette balance mentale. On serait dans l'erreur. *Je voudrais bien être l'époux de cette aimable personne!* En analysant cette phrase, on trouve encore qu'il y a concordance entre le prix que j'attache au bonheur d'être *l'époux de cette aimable personne*, et mon *désir* d'être heureux, c'est-à-dire, équation. Je *voudrais bien*, est évidemment l'expression de mon désir, mis dans un des bassins de la balance, ou le premier membre de l'équation : *l'époux de cette aimable personne*, est l'équipollent de mon désir, ce qui doit le satisfaire complètement : c'est ce que je mets dans le second bassin de la balance ; autrement, c'est le second membre de l'équation. Vient enfin le verbe *être*, qui, comme je l'ai dit, est le fléau de la balance qui unit ces deux bassins ou membres de l'équation , et qui marque l'égalité ou la concordance entre mon désir et son objet : le verbe est donc réellement le signe algébrique $=$ qui signifie *égale*.

D'après cela, on voit que l'algèbre se trouve soumise aux mêmes divisions que j'ai établies plus haut pour toutes les langues : c'est-à-dire, que les lettres y représentent chacune un objet quelconque de la pensée, dans un sens particulier ou général; que les signes qui les unissent ou les modifient sont l'expression des rapports qui existent entre les différents objets, qu'enfin le signe $=$ *égale*, est le véritable et l'unique signe verbal de cette langue qui ne reconnaît qu'un temps et qu'un mode.

On voit donc que non-seulement on doit regarder l'algèbre comme une langue, mais encore comme la langue la mieux faite qui puisse exister, puisque l'erreur y devient impossible, sans pécher contre la syntaxe; et que la combinaison de ses éléments est telle, que les opérations de l'intelligence s'y montrent, pour ainsi dire à découvert : que tout raisonnement faux, toute fausse conséquence y blesse en quelque sorte la vue de celui qui possède bien cette langue; ce qui fait qu'elle résiste à l'absurde, et n'a pour devise que *vérité* ou *silence*.

Toute manière de rendre la pensée intelligible est sans doute, comme nous l'avons déja établi, du domaine de la grammaire générale. Ainsi donc, non-seulement l'algèbre, mais les signes manuels des sourds-muets, les mouvements télégraphiques, les signaux marins, etc., pourraient faire partie de nos investigations, mais j'ai cru cette recherche de peu d'importance. Je ferai cependant quelques observations sur la pantomime et la peinture qui sont aussi deux espèces de langages chargés de communiquer la pensée avec plus ou moins de succès.

Si quelque chose, en effet, peut justifier et confirmer la division que j'ai établie de deux grandes classes de mots, dont l'une correspond aux *objets* de nos pensées et l'autre aux *rapports* entre les objets ou entre les objets et nous, c'est la remarque que l'on peut faire que cette dernière classe est ordinairement la cause des gestes ou signes de l'interlocuteur. Les gens du midi plus gesticulateurs que ceux du nord, les peuples dont la langue est pauvre, ceux qui cherchent à rendre leur pensée dans une langue qui leur est peu familière, enfin les sauvages, dont le vocabulaire est toujours très incomplet, sont dans l'habitude et souvent dans la nécessité d'appuyer chacun de ces mots d'un geste correspondant, ou même de suppléer entièrement par le geste à l'expression qui leur manque. C'est le moyen auquel ont recours les gens qui essayent une langue étrangère ; les signes manuels y deviennent le complément ou le supplément de presque tous les mots de cette espèce : *dessus, dessous, auprès, dedans, autour, vers, loin, etc.* Les pantomimes enfin doivent leurs succès sur nos théâtres et ne tirent leur véritable expression que du plus ou moins de grace ou de facilité avec lesquelles ils indiquent les *rapports* qui existent entre les objets présents, ou préalablement désignés d'une manière quelconque, et telle que le spectateur ne puisse s'y méprendre. En somme, tous les signes de rapports ne forment donc analytiquement qu'une seule classe de mots que l'on peut ensuite diviser et subdiviser en autant d'espèces particulières que l'on voudra distinguer de nuances de rapports entre les objets. Ce sont donc véritablement des gestes écrits, ou des mots qui peuvent être rendus, soutenus, et même quelquefois suppléés par des gestes : lesquels gestes seraient impuissants à représenter les objets eux-mêmes en leur absence, à moins de tomber dans une espèce de dessin, ou mieux encore d'avoir recours à la peinture. Mais la peinture, de son côté, ne peut représenter que les *objets* et non les *rapports mobiles*, et à cet égard elle est l'inverse de la pantomime. Néanmoins elle tire ses plus grands effets de l'artifice avec lequel elle parvient quelquefois à indiquer ces *rapports*; à faire deviner et pour ainsi dire sentir le *mouvement* dont la représentation lui est interdite. La peinture appartient donc à la seule classe des *objets physiques*, la pantomime à *celle des rapports*. L'une ne dispose que de la *matière*, l'autre que du *mouvement* ; mais le comble du talent pour l'une comme pour l'autre est de faire deviner et concevoir au spectateur ce qu'elle n'a pu représenter.

Cette digression nous a peut-être entraînés un peu loin de la balance mentale, et des équations auxquelles peuvent se résoudre toutes les propositions possibles ; soit sous le rapport de la discordance ou sous celui de la concordance que le verbe seul manifeste, et dont le langage habituel est perpétuellement bigarré. Mais quelque faux ou erronés que puissent paraître les résultats de nos jugements, comme celui qui les énonce les donne pour positifs, ils jouissent toujours d'une vérité et d'une certitude grammaticale. A tort ou à raison, il suffit qu'il déclare l'égalité de sa balance mentale. Ce ne serait donc pas tellement au figuré qu'on le pense communément, que l'on fait quelquefois usage de cette locution. — *Après avoir bien pesé les motifs pour et contre, j'incline ou je penche vers telle ou telle opinion.* Concluons donc que celui dont la pensée, ou la balance mentale est habituellement la plus exacte possède une grande supériorité de raisonnement dans ses paroles et dans ses écrits. L'algèbre offre encore des rapprochements importants avec le langage habituel. Cette langue est beaucoup plus restreinte, il est vrai, puisque nous avons vu qu'elle ne s'occupe que des quantités, de leurs combinaisons et des transformations qu'on leur fait subir pour arriver à une égalité quelconque. Toutes les opérations se font à l'aide de signes abréviatifs et généraux ; groupant quelquefois un immense faisceau d'idées sous un signe très simple, et ramenant sans cesse ces différentes masses d'idées à des équations ; car nous avons vu que tout ce qui n'en est pas susceptible, elle l'abandonne.

A l'aide de ces signes si simples, elle obtient, par un travail comparativement très facile et presque mécanique, des résultats auxquels toute la force de l'esprit humain n'eût jamais pu atteindre : résultats souvent au-delà de ses espérances, puisqu'il ne pouvait les soupçonner. C'est dans ce sens qu'un célèbre analyste a dit que *l'algèbre donne souvent plus qu'on ne lui demande.*

Cet artifice de grouper un faisceau considérable d'idées sous un seul signe est, comme on n'en peut douter, un grand soulagement pour l'intelligence ; c'est ainsi que, par le secours de la mécanique, l'homme parvient à manier avec adresse et facilité des fardeaux qui ne semblaient en aucune proportion avec sa faiblesse naturelle. L'algèbre va plus loin encore; lorsque ces mêmes signes si simples s'accumulent jusqu'à un certain point et commencent à former eux-mêmes des groupes compliqués et à entraver la marche des opérations, elle les remplace par de nouveaux signes aussi simples que les premiers et réduit sans cesse ses opérations aux combinaisons de quelques lettres et de quelques symboles. Fille de l'esprit humain, l'algèbre imite en cela la marche du langage habituel, qui est de soulager la mémoire et de donner une marche plus facile et plus rapide au discours par l'artifice des noms collectifs et généraux. C'est cette heureuse faculté de concevoir et d'employer tour à tour les collections et les abstractions qui a assuré au genre humain cette prodigieuse supériorité qu'il s'est acquise sur le reste de la création. Aidé de cette suprême faculté, il a pu se rendre maître et faire mouvoir à son gré des masses énormes d'idées, et pénétrer avec la même facilité dans la structure intime des choses et jusqu'à leurs plus simples éléments; il a pu composer et décomposer à son gré; l'analyse et la synthèse sont devenues les véritables titres de sa gloire et de sa puissance; c'est par elles qu'il a sans cesse agrandi le domaine de la science et des arts; c'est par elles enfin qu'il a pu remonter jusqu'à la connaissance et à la certitude d'un suprême ordonnateur, devenir l'admirateur passionné de ses œuvres, et l'émule de la nature.

Privés de cette divine faculté, les animaux, immobiles dans les limites que leur a tracées la Providence, ne comparent et ne pèsent les objets qu'i-

solément, un à un, sans abstractions ni collections.
Si quelques-uns d'entre eux, doués de l'organe vocal, parviennent à retenir des mots et même des
phrases entières, qu'ils répètent avec exactitude,
c'est sans aucune application à la pensée. Ils s'ar-
rêtent à ce premier effort du langage qui est la
mémoire. Un serin rend avec une fidélité étonnante
tous les airs de sa serinette : le perroquet la phrase
qu'on lui a inculquée, sans que le premier ait fait
un pas vers la musique, et le second vers la pensée.
Ils répètent sans comprendre, sans aucun fruit
pour l'intelligence, c'est un effet purement mécanique. C'est ainsi qu'une glace répète fidèlement
les objets, sans savoir peindre : qu'un écho parle,
sans penser. En effet les animaux ne sont que des
échos vivants. Fixés pour jamais au bas de l'échelle
de l'intelligence, ils ne peuvent s'y élever d'un seul
échelon. Il n'y a pour eux, aucune *perfectibilité
mentale*, quoiqu'il y ait chez eux, comme on l'a
déja remarqué, une certaine sagacité et une grande
perfection d'organes.

Quelques animaux cependant reconnaissent le nom qu'on leur a imposé, lorsqu'ils ont eu le temps de s'y habituer; particulièrement les chiens; et tous, à cet égard, paraissent avoir associé à ce mot ou à ce son leur *moi*. Ils associent également quelques sons à différents mouvements qu'ils exécutent avec une véritable docilité : à droite ou à gauche, en avant ou en arrière. Mais des sons purs et simples ou même articulés, ne constituent pas encore la parole : le verbe seul la crée, et répond par conséquent à un ordre de pensées auquel les animaux paraissent ne pouvoir atteindre.

Si un perroquet bien stylé semble répondre directement et aussi souvent qu'on le veut à telle ou telle question, c'est une simple illusion. Il n'y a réellement pour lui, dans cette apparente correspondance de pensées, ni demande ni réponse. Mais les paroles proférées par celui qui interroge deviennent pour lui une espèce de réclame qui lui rappelle immédiatement la suite des sons qu'il a retenus, et qu'il répète presque machinalement et par le seul motif d'un penchant naturel à la loquacité. L'enfant auquel sa mère apprend ses prières dans une langue morte que ni lui ni elle-même n'entendent, en est précisément au même point, quoique le motif déterminant puisse être différent; il en est encore de même pour le perroquet du bruit que l'on fait en imitant une personne qui frapperait à la porte. L'oiseau articule aussitôt, *qui est là ?* Mais c'est bien certainement sans aucune intention de s'informer réellement du nom ou de l'état de la personne qui frappe. Ce bruit lui rappelle seulement les trois mots qui lui ont été inculqués à la suite de ce son.

On pourrait dresser ainsi ces animaux à une série plus ou moins longue de prétendues réponses à autant de questions, qui pourraient leur donner l'apparence d'êtres intelligens, doués de la faculté d'appliquer la parole à la pensée, et causer ainsi une illusion extraordinaire. Ce n'est même que de cette manière que l'on pourrait rendre compte, je crois, du célèbre interrogatoire fait à un perroquet au Brésil, en présence du prince

Maurice de Nassau, et dont il est fait mention par *Locke*, à la suite de son *Essai sur l'entendement humain*, ancienne édition in-folio. Locke, en supposant toutefois l'authenticité et l'exactitude de cet interrogatoire, hésite et n'ose pas trancher la question. Je crois que l'on ne peut voir dans ce fait, s'il a existé, qu'un effort de mémoire très exercée, mais non un acte volontaire de l'intelligence appliquant les sons articulés à la pensée, faculté refusée aux animaux et qui forme l'apanage bien distinct de l'esprit humain.

D'où peut donc provenir cette différence ? De ce que les animaux, bien qu'ayant le sentiment ou la perception des objets extérieurs et de quelques rapports, sans doute, ne possédent pas la faculté créatrice de l'intelligence, qui opère la comparaison et la liaison de tous ces éléments de pensée. Ils en possèdent la partie *passive* ou *sensitive*, mais non la partie *active* ou purement *intellectuelle*, celle qui crée à sa volonté le monde fictif et imaginaire dont nous avons parlé.

Si l'on pouvait supposer les animaux doués subitement de la parole et d'un langage tout fait, car il est indubitable qu'ils n'y parviendraient jamais, on les verrait en borner l'usage aux mots correspondant à la partie *passive* de la conception, c'est-à-dire, aux noms et à tout ce qui aurait rapport aux sensations, aux images et aux sentiments; mais ils ne s'élèveraient jamais jusqu'à la plus simple proposition, laquelle suppose toujours un acte de l'intelligence *active* ou créatrice dans l'emploi du verbe, et, en outre, l'abstraction sur laquelle est fondée l'idée du second terme d'une proposition, l'attribut.

Non-seulement il leur serait impossible de s'élever jusqu'à cette abstraction de l'attribut, mais que serait-ce s'il leur fallait faire usage de toutes les idées concomittantes du verbe : les temps, les nombres, les modes, etc. , toutes abstractions de la plus haute métaphysique, et qui en forment l'indispensable cortège ? Tout le monde est d'accord sur ce point, que les animaux ne conçoivent ni le temps, ni les nombres *. Privés de toutes ces conceptions, il est évident alors que celle du verbe leur devient impossible.

Il n'en est pas ainsi des simples noms d'objets matériels, on sait qu'il n'est pas impossible de leur en inculquer un assez grand nombre, qu'ils reconnaissent assez bien aussitôt qu'on les leur prononce. L'on a vu à ce sujet des miracles de patience. Mais on ne peut leur faire comprendre la convenance ou la disconvenance de deux objets simultanés de la pensée. Ils obéissent à des besoins, à des penchants, même à des caprices, fruit habituel de leur éducation et qui rentrent toujours dans la classe des désirs, mais leur détermination n'est jamais le résultat de cette méditation qui suppose l'emploi de la balance mentale. Elle n'existe pas pour eux. Elle n'existe que pour l'homme et elle

---

* L'homme a conçu le temps, il a créé les nombres... Le temps est notre conception, et s'il faut le dire, notre apanage...

L'homme est seul propriétaire de cette mesure, inutile à Dieu, et qui fut refusée aux animaux...   Riv. , *Disc. prél.*

a suffi à cet être en apparence le plus faible et le plus dénué de toutes les créatures pour lui assurer cette prééminence qu'il exerce sur elles.

Telle est l'insurmontable barrière élevée à jamais entre l'homme et les animaux ; mais si le seul don de la parole nous a acquis et confirmé sans cesse une telle supériorité, il s'ensuit que la construction plus ou moins analytique d'une langue, sa richesse, sa pauvreté, sa souplesse, son génie enfin doit rendre le commerce de la pensée plus ou moins facile au peuple qui la parle, et lui assurer aussi une supériorité relative sur les autres peuples. Aussi quoiqu'une langue devienne en quelque sorte l'image fidèle d'un peuple, néanmoins, elle n'a pu arriver à un certain état de perfection que graduellement. Les ancêtres de la nation la plus polie et la plus savante ont été des gens grossiers et des ignorants. Le génie des langues ou leurs formes primitives ne changent guère, sans doute, mais le besoin de s'entendre et de rendre le commerce de la pensée plus facile et plus rapide a nécessité des locutions plus correctes et plus analytiques : et, une fois fixée, cette langue devient la véritable pierre de touche de l'intelligence du peuple auquel elle appartient *. Ce perfectionnement dans l'art de la parole, rend certainement l'éducation plus facile; et, ce qui coûte si peu d'efforts à concevoir, grace à la netteté des formes et à la précision des termes, en a, sans doute, coûté de grands aux hommes de génie qui ont perfectionné le langage et les théories. Cette réaction de l'instrument sur la pensée elle-même est d'une haute importance. La nouvelle langue de la chimie a rendu cette science, comparativement bien plus facile qu'autrefois, malgré ses étonnants progrès : l'esprit eût été écrasé sous l'immensité de ses détails. Cette réaction tend à donner, à la longue, une grande supériorité au

---

* La meilleure histoire de l'entendement humain doit, avec le temps, résulter de la connaissance approfondie du langage. La parole est, en effet, la physique expérimentale de l'esprit : chaque mot est un fait; chaque phrase une analyse; tout livre, une révélation plus ou moins longue du sentiment et de la pensée.

Riv., Disc. prél.

peuple qui possède la meilleure langue sur les autres peuples. J'entends par la meilleure, celle dont les formes, étant aussi simples que possible, correspondent à tous les besoins de l'esprit, à toutes les fonctions de l'intelligence en exigeant de moindres efforts de mémoire : en un mot la plus *analytique*. Dans une langue bien faite, la seule position d'une question suffit souvent pour la résoudre ; et semblable en ceci à l'algèbre qui donne souvent plus qu'on ne lui demande, l'heureux concours de certaines expressions suffit quelquefois pour faire apercevoir des conséquences auxquelles on était loin de songer.

Si les hommes cependant, en raison de leurs facultés, paraissent plus ou moins bien disposés pour le phénomène de la pensée, ils ne le sont pas ordinairement dans les mêmes proportions pour la représentation de cette pensée. Je veux dire, la parole ; leur plus ou moins d'aptitude à cet égard apporte une différence remarquable parmi eux.

On conçoit d'abord que les animaux privés de

cette algèbre vocale ne parviennent à former leurs idées que par la combinaison des images elles-mêmes, et jamais par aucun signe représentatif de ces images : chez eux la mémoire est toute peinture. Parmi les hommes civilisés, au contraire, il en est presque toujours autrement. Je dis, presque : car le sourd-muet de naissance qui n'a appris ni à lire, ni à se servir d'un alphabet manuel, doit nécessairement former ses idées de la même manière. Il en serait de même encore de celui qui n'aurait eu aucune communication avec le genre humain ; cas fort rare, sans doute, mais que l'on peut facilement supposer. Chez l'homme civilisé, et principalement dans la partie la plus policée de l'ordre social, les signes vocaux se présentent souvent à l'esprit, aussi rapidement que les images ; et ceux que leur éducation ou les circonstances ont mis à même de cultiver cette disposition, se font remarquer par leur éloquence, ou au moins par la facilité de leur élocution. Cette aptitude à manier et à combiner si heureusement les signes représentatifs articulés de la pensée est le partage des orateurs, des avocats, des professeurs, des improvisateurs surtout; classe d'hommes qui, abusant quelquefois de cette facilité, sont alors accusés de combiner des mots et des phrases redondantes, vides de sens. Il semblerait que chez eux la parole va plus vite que la pensée, et les entraîne. Le talent n'est pas uniquement le fruit de l'habitude ou d'un fréquent exercice : car d'abord quelques hommes, malgré tous leurs efforts, ne parviennent jamais à l'acquérir; et d'autres, que la nature a doués plus généreusement de cette faculté, développent tout à coup un talent extraordinaire, bien que le genre habituel de leurs occupations ne les y ait jamais portés. D'autres enfin, plus frappés des idées ou des images elles-mêmes que des signes vocaux, sont capables de les combiner d'une manière plus ou moins vive ou profonde, et éprouvent une certaine gêne à les rendre immédiatement en parlant, tandis que la plume à la main, ce qui laisse tout le loisir nécessaire pour combiner les signes représentatifs de la pensée, tel homme qui paraissait lourd, diffus, obscur et peut-être même borné, vous étonne par la hauteur de sa pensée et le brillant de l'expression. C'est, du reste, le sort de presque tous les grands écrivains; peu sont diserts ou éloquens. Plus occupés des images que de leurs signes vocaux, de la pensée que des mots, ils se sentent dans l'obligation continuelle de se traduire, pour ainsi dire, eux-mêmes en parlant. Cette opération nuit à la rapidité du discours et au facile développement de la pensée qui marche toujours plus vite que la parole. Enfin, c'est un fait généralement remarqué, quoique l'on puisse citer quelques étonnantes exceptions, c'est que les grands écrivains se font rarement admirer par leur élocution *et, vice versa*. Les orateurs les plus brillans sont communément de purs, mais de médiocres écrivains. L'algèbre et la peinture nous offrent les deux extrêmes de cette disposition mentale : pour l'algébriste, dont les opérations sont toujours applicables à des vérités générales, le signe est tout. Le peintre, au contraire, ne combine jamais que les images et les couleurs. Celui-ci est toujours dans l'ordre des sensations, et l'autre dans l'ordre intellectuel. Enfin, chacun sait qu'une action qui se passe sous nos yeux produit un plus grand effet sur nous que son récit, et le récit de cette action, plus encore que la narration écrite. C'est qu'il existe d'abord dans le récit une première traduction de l'image en sons articulés, et dans la narration écrite ou la lecture, une seconde traduction des sons articulés en signes visuels. *Segnius irritant animos*, etc.

Le mécanisme des langues, en général, affecte l'un de ces deux modes : la *construction directe* ou la *construction inverse*. Quelques-unes les confondent en partie. Les langues à construction directe que quelques grammairiens ont nommées *les langues analogues*, ne peuvent exister sans le mécanisme de l'article : le développement successif des idées dans l'ordre de leur génération, les rend plus

propres au raisonnement, à la déduction, à la logique en général; elles sont, si l'on peut le dire,
plus *intellectuelles*. Les langues à construction inverse, par la nature même de leurs combinaisons
et des bouleversements qu'on peut faire subir aux
objets de la pensée, c'est-à-dire, à la phrase, et
l'espèce d'anarchie qui semble y régner, sont par
cela même plus favorables aux passions, dont elles
peignent mieux le désordre. Celles-ci tiennent plus
aux sensations. Les premières sont plus propres à
faire naître la conviction; les secondes, la persuasion
et l'entraînement. On conçoit que la plus parfaite
serait celle qui pourrait réunir ces deux avantages;
mais, en général, ils s'excluent mutuellement.

Les langues si imparfaites, si grossières même
dans leur origine, tendent toutes d'abord à se per-
fectionner, c'est-à-dire, à acquérir les formes nécessaires et à élaguer ou abandonner les inutiles;
mais, arrivées à un certain point qui précède de
beaucoup la perfection, on voit s'établir une lutte
interminable entre les gens qui savent bien leur

langue et ceux qui la parlent mal, c'est-à-dire, entre les littérateurs d'un côté, et de l'autre, les gens dénués d'éducation, ou ceux, comme les enfants, chez qui elle n'est pas encore terminée. Les premiers, considérant toujours la langue comme fixée, se montrent rigides observateurs des règles. Sentinelles de l'ordre établi, ils signalent impitoyablement jusqu'aux plus légères infractions; et le ridicule est l'arme de ces hauts-justiciers du langage. Or, comme toutes les langues sont plus ou moins entachées d'irrégularités et d'anomalies qui résultent ordinairement de la fusion de divers dialectes, ou de la première barbarie du langage, il s'ensuit que les défectuosités une fois devenues *légales*, sont presque toujours la pierre d'achoppement des enfants et des ignorants qui s'entêtent, en dépit de la loi, à parler plus régulièrement qu'elle ne le permet. Car il est bon de remarquer que la plupart des fautes que commettent les enfants surtout, sont presque toujours cependant conformes à l'analogie et tendent à redresser ces imperfec-

tions, ou à s'affranchir de distinctions inutiles.
Celles du bas peuple ne sont pas toujours aussi
excusables ; et si l'analogie les induit quelquefois
en erreur, la plupart du temps leurs locutions vi-
cieuses auraient bientôt dénaturé la langue établie
et lui feraient subir une prompte et complète métamorphose. De sorte qu'il est certain que si la
littérature veille au salut d'une langue et la garan-
tit du danger d'être promptement dénaturée, c'est
sous la condition tacite de conserver toutes ses
défectuosités et qu'elle ne se charge de sa conser-
vation qu'en prenant également sous son égide
ses avantages et ses imperfections.

La contexture de la langue latine, si favorable à
la poésie, à l'éloquence et aux passions, par ses
nombreuses inversions, entre lesquelles l'écrivain
a toujours le choix, était cependant embarras-
sante pour le bas peuple, chez qui un certain travail intellectuel est moins facile. Toutes les concordances grammaticales, indispensables dans cette
langue, ses minutieuses annotations, ses innom-

brables désinences, fatiguaient sa mémoire et le jetaient dans d'éternels solécismes. Il n'existe guère de système grammatical plus parfait pour la littérature et plus incommode pour les gens illétrés. Il est difficile de savoir comment, à la longue, se fût terminée cette lutte entre le génie de cette langue et celui du bas peuple, si la chute de l'empire, par les invasions successives des barbares, n'eût tranché la question.

C'est sans doute un spectacle curieux pour un métaphysicien, que d'observer comment s'effectua, quelques siècles après, la métamorphose de la langue latine en langue vulgaire actuelle, c'est-à-dire, en italien; et comment le langage de *Virgile* devint peu à peu celui de *L'Arioste*. Les substantifs perdirent leurs nombreuses désinences; les ablatifs au singulier et les nominatifs au pluriel restèrent seuls. Ce fut l'alliance indispensable avec l'article qui rendit les déclinaisons inutiles : ainsi, au lieu de *vinum, panis, bracchium,* etc., et des cas intermédiaires, on ne dit plus que *vino, pane, bracchio*, etc., au singulier, et *vini, pani, brac-chia*, etc., au pluriel. Mais le concours de l'article et d'un nom indéclinable fut le résultat du mélange des peuples. C'est alors qu'avec la fusion des vainqueurs et des vaincus s'opéra, par une espèce de capitulation tacite, celle des deux idiomes. La langue latine fournit les matériaux, la langue teutonique la forme grammaticale, et par conséquent une nouvelle syntaxe. De là, la construction directe ou analytique dans laquelle ce nouveau jargon tomba forcément, remplaça les nombreuses inversions ou la forme synthétique de l'ancien latin. C'est ainsi que ce patois d'abord informe, né de la collision fortuite du Nord et du Midi, des peuplades hyperboréennes et des harmonieux enfants de l'Ausonie, devint, quelques siècles plus tard, le riche, le souple, l'élégant et le brillant langage du *Tasse* et du *Métastase*.

Le style est tout l'homme, a dit Buffon; ce qui, sans doute, signifie que le génie de l'homme se manifeste tout entier dans son langage. Ainsi l'on peut penser que, nonobstant les différentes formes de langage, si *Virgile* n'eût paru qu'au 18e siècle, il n'en eût pas moins obtenu le titre de *Prince des Poètes*. *Le Dante* hésita, dit-on, long-temps dans le choix de la langue qu'il devait employer pour sa *Divina Comedia*. Heureusement pour lui et pour l'Italie, il donna la préférence à la langue vulgaire sur le latin et le provençal : mais c'est une chose digne de remarque de voir que le même génie se sentît capable d'exécuter une aussi belle conception sous deux formes aussi opposées que la synthétique et l'analytique, sous celle qui admet les articles sans déclinaisons, et celle qui, repoussant ce mécanisme, admet la multiplicité des désinences et les plus nombreuses inversions.

La langue grecque avait des racines plus profondes et semblait mieux calculée pour braver les efforts du temps et le caprice des peuples. Elle admettait à la fois les déclinaisons et les articles qui sembleraient devoir, comme dans le latin, s'exclure mutuellement, et, appuyée sur cette double base, elle laissait pour ainsi dire aux gens instruits et aux ignorants le choix de l'une ou de l'autre. Les uns usaient à leur gré du charme de l'inversion, les autres, avec une connaissance moins certaine du langage, retrouvaient toujours dans le mécanisme des articles un guide sûr. On sait qu'elle se prêtait avec un égal bonheur aux inspirations de la poésie et au calme de la philosophie, à la fougue de ses orateurs et à la marche didactique de ses savants. Néanmoins cette langue si supérieure aux langues anciennes et qui semblerait, d'après ce que je viens de dire, approcher de la perfection, portait en elle un vice inhérent à la multiplicité de ses règles et au luxe de ses catégories. Tout ce qui surcharge la mémoire, même à son insçu, entrave les opérations de l'intelligence. Aussi est-il très rare de voir un érudit de profession produire quelque chose de neuf; et la foule de tous les savants Bénédictins n'a jamais fait avancer l'esprit humain d'un pas, quoique son travail eût bien son prix et qu'il ait fourni de précieux matériaux à des hommes de génie.

Il me semble donc qu'on pourrait établir en général que les catégories grammaticales et toutes
les concordances de genres, de nombres et de cas
sont indispensables dans les langues qui, comme le
latin, n'admettent pas l'article : que les inversions
en sont la conséquence naturelle, puisque chaque
mot y est étiqueté de manière à ne pouvoir s'é-
garer, ni causer aucune amphibologie ; mais aussi,
il faut convenir que celles qui admettent les articles n'ont aucun besoin de déclinaisons; qu'elles
ne sont réellement qu'une superfétation, un fardeau
pour la mémoire ; que la perte même du charme
de l'inversion serait bien compensée par les avantages d'une diction plus nette, plus claire, plus rationelle; que cet avantage influe, à la longue, sur
l'esprit du peuple dont les idées habituellement
jetées dans un moule plus exact facilitent les
fonctions de l'intelligence, et lui rendent l'usage du
jugement et du raisonnement plus facile. Cette
question, comme on le voit, se réduit, en dernière
analyse, à savoir laquelle mérite la préséance d'une

langue plus favorable aux développements des passions , ou de celle qui serait mieux calculée pour ceux de l'intelligence. Quant à moi, je me déclare pour la dernière.

Parmi les langues modernes il en est deux qui doivent spécialement fixer notre attention sous ce point de vue analytique. Ces deux langues sont l'allemand et l'anglais. Mais on serait bien trompé si on leur cherchait d'autres rapports qu'un certain air de famille que l'on attribue à ce que l'une serait la langue-mère de l'autre, ce qui est vrai jusqu'à un certain point : mais j'expliquerai dans un moment ce que l'on doit entendre par cette prétendue maternité des langues et jusqu'où elle peut s'étendre. L'allemand offre dans son analyse grammaticale toute la pompe et tout le luxe de déclinaisons, d'articles, de conjugaisons, etc. de la langue grecque; mais nonobstant l'usage des articles et de tout cet échafaudage de concordances, il s'en faut bien qu'il ait la souplesse et la vivacité du grec. Les inversions en grec sont arbitraires jusques à un certain point, et laissent à l'esprit ou à la passion de l'interlocuteur le choix des formes. Celles de l'allemand sont fixes et déterminées. C'est peut-être la seule nuance qui sépare cette langue si régulière d'ailleurs du grec : mais elle est prodigieuse, elle ajoute au fardeau d'un instrument déja disproportionné l'inconvénient d'une roideur inflexible. Les gens qui n'ont pas réfléchi sur le mécanisme des langues ou qui adoptent de confiance les résultats qu'on leur présente, s'étonnent de la richesse de l'allemand. Ils en jugent d'après le volume de son dictionnaire et celui de sa grammaire qui exigent de si nombreux développements. Il faut leur apprendre que ce sont des signes d'abondance dans les mots; mais non de richesse dans la langue. La richesse d'une langue ne consiste pas dans une stérile superfluité de mots, mais dans les combinaisons de ces matériaux, les idiomes, les locutions, les tournures enfin plus ou moins gracieuses ou vives qui sont le résultat des formes particulières à cette langue, et donnent, pour ainsi dire, le jeu à

sa physionomie. Celle de l'allemand est presque im-
mobile, c'est une statue qui approche il est vrai de
la perfection ; car ses divisions, ses catégories,
ses concordances grammaticales et même son orthographe présentent un système très complet et
n'admettent que les irrégularités communes à
toutes les langues dans quelques conjugaisons.

Cette langue donc est écrasée sous la multiplicité
de ses formes, sans compter celles que la politesse
ou plutôt l'étiquette y a introduites, mais qui ne
tiennent pas au génie même de la langue. Cette
étiquette, comme on le sait, consiste à parler, en
s'adressant à une seule personne, soit à la seconde
personne du singulier, soit à la troisième au masculin, soit encore à la seconde personne du pluriel, soit enfin à la troisième personne du pluriel,
au féminin, suivant le rang, le sexe ou l'âge res-
pectifs des interlocuteurs. L'habitude seule a pu
rendre les Allemands insensibles à une entrave qui
leur est devenue si familière : mais dans les langues, comme en mécanique, toute la portion de

la puissance motrice nécessaire au jeu de l'instrument est aux dépens de l'effet général de la machine. En somme, l'allemand me paraît une belle femme tellement surchargée d'ornements, de bijoux et de draperies, que sa marche contrainte et embarrassée, bien qu'empreinte d'une certaine majesté, ne peut avoir ni la grace vive et enjouée, ni les élans de ses compagnes.

Il n'en est pas de même de l'anglais, dont la simplicité et je dirais presque la nudité est effrayante au premier aspect. Cette langue repousse presque toutes les catégories grammaticales, sauf quelques débris de déclinaisons en très petit nombre, reste informe du vieux saxon. Ces conjugaisons se bornent à trois désinences au plus dans les verbes réguliers, et le mécanisme de l'article y remplace comme en français, en italien, en espagnol, etc. l'artifice des déclinaisons ; avec cette différence bien importante que l'article *the* qui répond en français à *le*, *la*, *les*, y est de tous les genres et de tous les nombres, ce qui simplifie

tellement les concordances grammaticales que *the*
y étant le signe unique d'individualité ou de pluralité d'individus, il devient assez difficile d'y
commettre une faute de langage, relative aux *genres*,
aux *nombres* et par conséquent à ce que les langues
à inversions appellent cas. Le nombre cependant,
qui est indispensable à exprimer, s'y trouve seulement où il doit être, je veux dire dans les *noms*
eux-mêmes, et la concordance de l'article y est justement regardée comme redondante et superflue. Les
genres ne s'y trouvent spécifiés au plus que dans les
noms d'individus ayant réellement un sexe (sauf le
style figuré qui use quelquefois du privilège de
personnifier l'objet de la pensée). Tout le reste est
rejeté dans une classe unique, c'est-à-dire, sans
genres. A l'exception du verbe substantif *être* et de
son collègue *avoir*, indispensables pour transmettre l'idée des temps et des modes, les autres
verbes n'y reconnaissent que trois variations de
désinences régulières, sauf quelques anomalies
en petit nombre. Ces deux verbes auxiliaires et

5

cinq ou six autres qui leur sont adjoints , forment une espèce de *cadre verbal* qui embrasse toutes les voix possibles, actives ou passives, tous les modes ou phases intellectuelles sous lesquelles on peut les considérer, telles que celles de chance , de puissance, de désir , de nécessité, de volonté absolue, etc.; et non-seulement aucun de ces verbes n'exige l'effort de mémoire que les immenses conjugaisons grecques, latines, allemandes, françaises, ou italiennes etc. nécessitent ; mais tout substantif quelconque, une fois tombé dans ce cadre, y est à l'instant métamorphosé en verbe, de sorte que l'on peut dire que dans cette langue tout *nom* y est actuellement ou virtuellement un verbe. L'usage cependant borne cette faculté ; mais il suffit, il est même important de remarquer que le génie de la langue le permet.

Les signes de rapport annexés auxiliairement au verbe pour en modifier la signification, c'est-à-dire, en général les *prépositions*, jouissent du privilège de venir s'y adjoindre avec une extrême facilité et même d'être presque tous monosyllabiques ; les uns s'en approchent ou s'en détachent à volonté, les autres s'y fixent et y restent attachés : et le judicieux emploi de ces signes si mobiles donne une grace et une vivacité particulière au langage. Ce sont les mots que *Horne Tooke* appelait *wing'd words*, *mots ailés*, comme s'ils étaient pourvus d'ailes pour se transporter plus sûrement et plus rapidement à l'endroit de la phrase où ils doivent produire le meilleur effet *.

Il est donc bien difficile que la lutte des littérateurs et des gens illétrés, dont nous avons parlé plus

---

* « On pourrait en citer une foule d'exemples à ceux qui ne con-
« naissent pas cette langue si analytique, que la brièveté de sa gram-
« maire est loin de faire soupçonner si riche et si souple dans son
« idiome : un seul suffira. Une mère voit pleurer son enfant, elle
« l'appelle et lui promet de faire disparaître ses larmes par ses bai -
« sers : *Come, my child, I'll kiss off thy tears.* Cette tournure est
« vive et énergique et ne peut être rendue littéralement dans nos
« langues du midi de l'Europe. L'allemand s'exprimerait à peu près
« de même dans ce cas-ci, mais le jeu de ces *wing'd words* n'y est
« pas aussi facile et aussi arbitraire qu'en anglais. Ils y ont une
« place fixe et déterminée, la plupart du temps, qui nuit à leur effet
« en les éloignant trop du verbe qu'ils modifient. »

haut, puisse s'établir aussi ouvertement dans une langue pour ainsi dire dénuée de catégories grammaticales. Elle ne peut rouler que sur les irrégularités d'un assez grand nombre de verbes défectueux, et sur les fautes de langage qui résultent de la discordance de l'orthographe avec la prononciation ; cependant ce champ de bataille quoiqu'étroit suffit pour démontrer que cette langue n'est pas encore la perfection : mais dans le système que je conçois , c'est celle des langues à ma connaissance qui en approcherait le plus. Quelle sera l'influence d'une pareille langue sur le genre humain en général, par le nombre et l'étendue des peuples qui la parlent? c'est une conclusion qui n'est pas de mon sujet ; mais on ne peut qu'augurer favorablement des progrès de l'esprit des peuples dont la pensée se jettera habituellement dans les moules les plus exacts.

L'analogie de l'anglais et de l'allemand me met naturellement sur la voie de parler des *langues-mères* et de ce qu'il me semble qu'on doit entendre par cette expression. La fréquente communication des peuples entre eux les place presque toujours dans la nécessité de désigner les mêmes objets, les mêmes actions et les mêmes rapports, par les mêmes mots, de sorte qu'une foule de noms, de verbes et de prépositions présentent à peu près les mêmes sons, plus ou moins altérés par la prononciation et par le temps. Mais les mots, comme nous avons déja eu occasion de le remarquer, ne constituent pas une langue. Le système grammatical est tout, de même qu'un certain nombre de pierres semblables ne constituent pas forcément une maison : le plan de l'architecte décide seul de sa forme. Ainsi l'allemand a fourni, si l'on veut, un grand nombre et même les premiers matériaux de la langue anglaise, mais non sa grammaire, ni sa syntaxe. Le nombre de ses érudits et sa fréquentation avec les différents peuples de la terre l'ont mise à même de lever des tributs de cette espèce sur les anciens et les modernes; elle se les assimile en quelque sorte et les incorpore dans un système grammatical qui lui est particulier et qui n'a rien de commun avec celui d'aucun de ces peuples. Si effectivement on enlevait à cette langue tous les *mots* évidemment venus du saxon, du danois, du grec, du latin, du français, etc. je ne puis dire au juste ce qui lui resterait, mais son dictionnaire serait réduit à peu de chose. On ne peut cependant pas dire qu'elle soit la fille de tant de mères. Serait-on fondé à dire que la langue anglaise est mère du français parce que nous employons les mots de *pudding*, *de redingote*, *de boulingrins*, *de falbala*, et tant d'autres?

Si une langue peut être la mère d'une autre langue, la latine l'est certainement de l'italienne; cependant celle-ci n'a conservé de cet héritage que des matériaux épars, des mots isolés, mais rassemblés sous un idiome différent. C'est avec d'anciens mots tant soit peu altérés, une syntaxe nouvelle, une grammaire nouvelle, en un mot une nouvelle langue. C'est donc un édifice construit sur un plan tout nouveau avec les débris d'un ancien temple que les tempêtes ont renversé.

On voit qu'en dernière analyse cette maternité se réduit à peu de chose, à fournir un plus ou moins grand nombre de signes vocaux, qui vont se ranger et se co-ordonner dans un système grammatical différent, et former un nouvel idiome. Si un peuple pouvait imposer à un autre, en même temps que les mots de sa langue, son système grammatical, alors il n'y aurait ni fille ni mère, ce serait identiquement la même langue transportée dans une contrée nouvelle. C'est ce qui arriva aux colonies grecques et ce qui se passe journellement dans les établissements anglais.

Si les idiomes nouveaux, formés peu à peu des débris d'un ancien langage, présentent, dans la suite des temps, d'immenses difficultés pour reconnaître dans les vieux titres de famille la filiation des langues, néanmoins la patience et la sagacité des philologues surmontent souvent tous les obstacles. C'est ainsi que dans l'ensemble des langues européennes, on a cru retrouver les traces d'un ancien langage qui en aurait été la souche commune. De même qu'un architecte ou un naturaliste pourrait reconnaître, dans une foule de bâtiments épars, les produits d'une seule carrière, ou plutôt les débris d'un antique et majestueux édifice dont les dessins auraient été conservés et l'emplacement bien connu; cet antique et majestueux édifice fut peut-être le peuple primitif et antédiluvien signalé d'abord par quelques érudits, et dont les recherches aussi ingénieuses que profondes semblent établir l'existence sur le plus haut plateau de l'Asie. Mais, sans nous perdre inutilement dans les ténèbres d'une si haute antiquité, sans rejeter ni adopter donc cette opinion, nous pouvons apercevoir encore ce majestueux édifice dans le *samscrit*, qui lui-même eut tiré son origine de cette langue primitive; dans le *samscrit* qui, au dire des historiens, fut la langue sacrée de l'Inde et que les orientalistes regardent comme l'idiome le plus perfectionné de la grande famille *Indo-Germanique*, ou plutôt *Indo - Européenne*, qui s'étend depuis *Ceylan* jusqu'en *Islande*, et depuis *Gibraltar* jusqu'à *Ispahan*. Bien différent sous ce rapport du chinois et des dialectes tartares qui semblent appartenir à une race différente, le *samscrit* admet toutes les concordances et les catégories grammaticales, qui, jointes aux radicaux que l'on retrouve presque tous dans le grec, le latin, l'allemand, l'anglais, etc. avec leurs significations analogues, forment un ensemble de traits auxquels il est impossible de ne pas retrouver un air de parenté qui révèle une filiation certaine. Son alphabet est le plus complet et le plus régulier qui existe; ce qui atteste l'art et les connaissances d'un peuple qui avait parfaitement compris l'analyse des sons vocaux. Les inflexions du *samscrit* sont absolument semblables à celles du grec et du latin; ses déclinaisons et ses conjugaisons offrent avec ces deux langues une analogie frappante. L'article existe aussi dans cet idiome; et, ce qui vient à l'appui de ce que je dis au chapitre du pronom, c'est que, dans cette langue, il y existe sous la forme de pronom démonstratif. Les inversions y sont arbitraires ; mais on y abuse moins de ce privilège que dans le latin, et la construction y est plus simple et plus logique. Les radicaux, comme leur nom même l'indique, ne paraissent jamais dans le discours sous leur forme simple et absolue ; mais les grammairiens indiens les ont soigneusement recueillis et en ont formé des catalogues que l'on retrouve encore, et dont les significations correspondent aux mots européens qui en paraissent dérivés. En résumé la langue samscrite ressemble aux langues allemandes, grecques, latines, etc., pour les inflexions et les concordances ; à toutes les langues d'Europe, au persan, à l'arménien et à tous les dialectes de l'Inde, pour les radicaux ; à aucune enfin pour le complet de son alphabet, qui renferme à lui seul tout ce que nous trouvons dispersé dans les autres langues. Bien entendu cependant que cette circonstance est plutôt mentionnée ici comme un fait que comme une perfection ; car on peut remarquer que l'alphabet grec, du temps d'*Homère*, ne comptait que seize lettres, qui cependant ont suffi à la composition du plus beau monument poétique que nous connaissions.

Quoi qu'il en soit, il paraît indubitable que ce langage ayant atteint un haut degré de perfection, nous atteste l'existence d'un peuple parvenu lui-même à un haut degré de culture. Mais comment cette langue s'est-elle oblitérée? Comment ses formes et son génie se sont-ils propagés jusqu'aux limites occidentales de l'Europe? Ces recherches bien curieuses appartiennent plus à l'histoire qu'à la grammaire générale. Mais l'on ne peut s'empêcher d'être frappé d'étonnement à la vue de deux vastes contrées limitrophes, contemporaines dans leur antique et haute civilisation, et dont la métaphysique grammaticale diffère aussi prodigieusement que celle des Indous et celle des Chinois.

Le système grammatical des Chinois s'éloigne tellement, en effet, de tous ceux que nous venons de parcourir, qu'on serait presque tenté de penser qu'il appartient non-seulement à une race, mais à une espèce d'hommes différente, et que cette langue qui dédaigne toutes les formes adoptées par les autres peuples, semble faire exception à tous les principes reçus. Néanmoins on verra que malgré sa bizarrerie, elle rentre complètement dans le cadre général que j'ai tracé à tous les idiomes possibles et à toutes les représentations possibles de la pensée.

On peut d'abord remarquer que les grammairiens chinois ont adopté des divisions dans le langage, qui se rapprochent sensiblement de celles que j'ai fixées au commencement de cet ouvrage et qui servent de base au système général que j'ai cherché à établir. Ils reconnaissent des mots *pleins* et des mots *vides*, qui correspondent à nos signes d'*objets* et à nos signes de *rapports*. Dans la catégorie des mots *pleins*, ils distinguent les mots *vivants* ou *verbes*, ce qui prouve qu'ils regardent ces mots comme *vivifiants*, ou, comme je l'ai dit, comme donnant la *vie* à la phrase; mais s'ils paraissent avoir senti la haute fonction de ces mots, ils ne semblent pas s'être élevés jusqu'à l'idée abstraite du verbe élémentaire.

La langue chinoise, si bornée dans son vocabulaire, si nue dans ses règles grammaticales, est tellement compliquée dans la représentation de la parole ou plutôt des idées, c'est-à-dire, dans son écriture ou dans ses caractères symboliques, dont les combinaisons pourraient varier à l'infini, que toute la vie d'un érudit a semblé long-temps devoir suffire à peine pour arriver à la complète intelligence de ce système. Plusieurs de ces groupes y sont effectivement chargés de tant de pensées, d'allégories, de restrictions, d'allusions, etc., que si la tradition et l'usage ne leur avaient assigné une valeur propre que les dictionnaires déterminent avec précision, ils formeraient un véritable problème, où l'oubli de la plus minutieuse annotation, et la plus légère inadvertance peuvent quelquefois mener à des résultats bien éloignés des intentions de l'écrivain. Notre système musical peut donner une idée du mécanisme et de l'importance des tons dans la parole proférée et même de leurs nombreuses clefs dans la représentation de la pensée. Dans le système musical adopté en Europe, le même groupe solfié sur une clef quelconque présentera à l'oreille une suite de sons, qui changera cependant autant de fois que vous solfierez ce même groupe sur une clef différente. Cette comparaison extrêmement limitée peut néanmoins nous faire concevoir ce qui se passe dans le système d'écriture adopté par les Chinois. Le même groupe peut signifier une foule de choses différentes suivant qu'il est armé de l'une des deux cent quatorze clefs, qui indiquent l'ordre de choses dans lequel le lecteur doit se transporter.

Il n'est donc pas étonnant qu'une telle variété dans le signe visuel de la pensée ait pu mener à croire que la lecture d'un seul volume exigeait des mois et même des années de travail.

On voit par là qu'un système d'écriture analogue à celui que les Chinois ont dû posséder dans l'origine est le seul qui puisse convenir à une pasigraphie, qui ne pouvant être phonetique, doit être toute idéographique. Notre système numérique, algébrique et même musical sont autant de pasigraphies partielles bornées à la science des nombres, des quantités et de la combinaison des sons musicaux ; et qu'en dernière analyse une pasigraphie ne pouvant être phonetique, est toute syntaxe et ne peut avoir de grammaire. Sous ce rapport l'écriture chinoise en approcherait plus que celle d'aucune langue de l'Europe ancienne ou moderne.

Il existe encore un autre rapport entre le système d'écriture chinoise et notre système musical, c'est que la musique ne considère les sons qu'un à un, note à note, bien qu'il existe des phrases ou des groupes musicaux que l'esprit conçoit tout d'une pièce ; le Chinois ne considère de même souvent, dans ses caractères, que des syllabes isolées, quoiqu'il puisse exister aussi dans l'esprit de l'interlocuteur des groupes tout formés, dont on ne reproduit que les éléments. C'est ce qui a donné lieu, sans doute, à la forme presque toute monosyllabique qu'affecte cette langue. C'est du moins le sentiment d'un des plus habiles philologues dont puisse s'honorer la France *.

Ce qui distingue donc éminemment cette langue de toutes les langues connues, c'est la nudité, la pauvreté apparente de ses éléments et le vague de ses formes, qui laissent presque toujours à l'auditeur le choix de celle qui convient le mieux à la nature de son intelligence, par le seul secours de quelques annotations à peine discernables. L'agencement de ces mots, combiné avec la prosodie indispensable de leurs différents tons, forme un contexte sur lequel repose toute l'entente et la signification de la phrase. De sorte que chez eux plus un homme a d'esprit, plus il est apte à en trouver à celui qui lui parle. Il faut néanmoins que dans ce vague apparent, il existe ainsi que dans ses intonations, un certain ordre qui supplée aux catégories

---

* Voyez M. Abel Rémusat, note 13 , page 106 de la lettre qui lui est adressée par M. G. de Humboldt.

et aux concordances grammaticales, et qui suffit complètement à l'intelligence de ce peuple dont le sens fin, exercé depuis l'enfance saisit toutes les nuances et les co-ordonne avec un discernement exquis.

Effectivement, en nous dépouillant de tout ce que l'habitude des formes de notre propre langue et même la connaissance de quelques autres basées sur une métaphysique à peu près semblable peut avoir d'empire sur nous, il nous sera facile de concevoir que nos classifications et nos innombrables concordances ne sont pas le mode unique sur lequel puisse être fondé le système de la parole, et qu'un autre système, tel que celui des Chinois, peut exister sans grammaire apparente et par le seul moyen d'une syntaxe, modifiée par la prosodie ou par des clefs, suivant que l'on s'adresse à l'oreille ou aux yeux.

Nous pouvons nous former une idée de la puissance de la syntaxe, sur la valeur des mots et le sens des phrases, en jetant les yeux sur notre très simple système de numération. On ne peut disconvenir que les dix caractères arabes adoptés en Europe ne forment les éléments d'une petite langue à part bornée à la science des nombres. Or, le simple agencement ou la combinaison de ces caractères est telle, que l'on peut à volonté parcourir par degrés insensibles l'immense chaîne qui lie l'infiniment petit à l'infiniment grand, sans jamais répéter la même forme. Toute la magie de cette petite langue sans grammaire, de cette pasigraphie numérique, consiste uniquement dans sa syntaxe, c'est-à-dire, dans la valeur que donne à chacun de ces caractères la place qu'il occupe dans le monogramme arithmétique.

Cessons donc de nous étonner alors qu'avec cinq cents monosyllabes qui forment, dit-on, tout le vocabulaire chinois, ce peuple ait pu atteindre au plus complet développement de l'intelligence dans l'art de la parole, lorsque nous voyons tous ces premiers éléments varier leurs significations à l'infini par l'influence des tons et des clefs.

En dernier résultat nous avons la preuve manifeste de la possibilité d'un tel système ; ces peuples
parlent, écrivent, s'entendent, cultivent les lettres
et les sciences. La Chine fourmille de savants, de
poètes et de philosophes depuis plusieurs milliers
d'années : ainsi, non-seulement le fait est possible,
mais il existe.

Il suffit donc, malgré la disparité du système
chinois et de celui des autres langues connues,
pour l'idée principale que j'ai cherché à établir
dans cette grammaire générale et philosophique,
relativement à la division du langage et aux véritables fondements de l'art de la parole ; il suffit,
dis-je, que les Chinois aient des signes d'objets et
des signes de rapports, liés par la puissance du
verbe, de manière à former des équations men-
tales, ou propositions. Le verbe cependant est
quelquefois sous-entendu dans cette langue, ce qui
n'arrive jamais dans les autres langages qu'aux enfants ou à ceux qui commencent à les balbutier.
Mais qu'importe que le verbe soit exprimé ou sous-

entendu, si la liaison d'une proposition est tellement évidente que l'interlocuteur ne se croie pas
dans la nécessité absolue de le prononcer, et que
l'auditeur ne puisse s'y méprendre.

En résumant donc toutes les notions que nous
avons présentées dans ce coup d'œil-général, nous
verrons que, pour se former une idée complète de
ce système grammatical, de cette métaphysique
des langues, il faut, ainsi que nous l'avons dit au
commencement de cet ouvrage, se figurer l'intelligence humaine jetée au milieu de ce monde physique, de ce tourbillon perpétuel de *matière* et de
mouvement, recevant d'abord des impressions ou
perceptions de ces deux formes génératrices, et les
combinant ensuite à sa volonté.

Dans l'ordre des perceptions réelles, l'intelligence est *passive* : dans l'ordre de ses combinaisons elle est *active*.

(85)

1er cadre.	Matière.	Intelligence.	Mouvement.
2e	Intelligence passive.	Intelligence active.	Intelligence passive.
3e	Perceptions.	Combinaisons.	Perçeptions.
4e	Objets.	Jugement ou combinaison déterminée.	Rapports,
5e	Signes d'objets.	Signes de jugement.	Signes de rapports.
	Article.		Prépositions.
	Pronom.	Verbe	Conjonctions.
6e	Nom { substantif et qualificatif.	substantif ou élémentaire.	Particules, etc.

Adverbes

Interjections ou exclamations.

———

Ainsi dans le premier cadre ou plan, on voit l'intelligence placée entre la *matière* et le *mouvement*.

Dans le second, nous voyons l'intelligence active dans son principe, mais passive à l'égard du *mouvement* et de la *matière*.

Dans le troisième, la *matière* et le mouvement ont donné à l'intelligence passive des perceptions dont l'intelligence *active* forme d'elle-même des combinaisons.

Dans le quatrième, nous voyons les perceptions de l'intelligence passive se rapporter à autant d'*objets* ou de rapports qui, combinés d'une matière déterminée par l'intelligence active, y forment un jugement ou combinaison fixe.

Dans le cinquième, chacun de ces objets et de ces rapports correspond à un signe vocal articulé, et le jugement a aussi son signe.

Dans le sixième, nous voyons que tous les signes vocaux qui correspondent aux objets extérieurs sont *articles* ou *pronoms* ou *noms*, soit substantif, soit adjectif; que tous ceux qui correspondent aux rapports de ces objets entre eux ou entre les différents groupes de mots, sont des *prépositions*, des *conjonctions*, des *particules*, etc.; que le signe spécial du jugement dans le langage, enfin, est le *verbe substantif* ou *élémentaire*.

L'adverbe n'est mentionné dans ce tableau général ou plutôt à la suite que comme tenant également aux deux classes générales d'objets et de rapports, et n'appartenant à aucune en particulier.

Quant à l'*exclamation* ou *interjection*, ce n'est ni un *objet*, ni un *rapport*, ni un *jugement*; ce n'est qu'un cri, une simple voix.

La *matière* nous fournit donc une classe de mots, le *mouvement* une autre classe. Placée entre ces deux séries de mots correspondant à ces deux formes génératrices, l'intelligence produit le mot unique, appelé *verbe*, dont la fonction est de vivifier l'union et les combinaisons de ces deux classes de mots. Le *verbe* n'appartient donc réellement ni à la *matière*, ni au *mouvement*. C'est quelque chose de plus, c'est une essence supérieure, c'est l'intelligence qui se manifeste par le mot.

Or, si l'esprit n'aperçoit dans tout ce qui l'entoure que deux choses bien distinctes, les objets en eux-mêmes dont la réunion forme le monde matériel, et les phases auxquelles sont soumis les objets, soit habituellement , soit accidentellement variant à chaque instant leurs rapports mutuels ; ces deux perceptions positives ont donc dû lui faire concevoir l'idée générale de la *matière* et celle du *mouvement*. Mais, comme toute perception est *positive*, la privation de cette perception est *négative*; l'esprit alors a rangé ces deux privations, ou défaut de perception, sous un signe correspondant; celui de la *matière* lui a fait concevoir le *vide ;* celui du *mouvement*, le *repos*. C'est ainsi qu'à chaque sensation correspond l'idée de sa privation. Celle du bruit est le silence, celle du jour est la nuit, celle de la création, le néant, etc.

Ces notions métaphysiques ne paraîtront peut-être pas indispensables pour comprendre sur quel principe se fonde la double nomenclature ou les deux grandes classes de mots sous lesquelles j'ai rangé les parties du discours; mais elles m'ont paru telles pour prévenir l'objection qu'on aurait pu élever sur ce que le *vide* et le *repos absolu* semblent n'appartenir à aucune de ces deux grandes classes. Il est donc à propos de faire observer que chaque idée *positive* entraîne toujours de fait son idée *négative*.

Ceci posé, situé entre deux perceptions premières, l'esprit conçoit l'idée ou l'image de tous les objets matériels, comme objets directs et positifs de sa pensée; et les différents rapports résultant de leur mouvement ou changement de lieu, c'est-à-dire de situation respective, comme autant de signes qui servent à préciser et compléter la pensée. Ces rapports sont susceptibles de s'étendre et de se compliquer à l'infini. Il n'est donc pas étonnant que les langues des peuples policés et instruits présentent une si considérable nomenclature de *prépositions* et de *conjonctions*, et par conséquent d'*adverbes*, qui sont les *hybrides* du langage. Mais, je le répète, tout ce que l'esprit aperçoit matériellement autour de lui et qu'il exprime par le mélange de signes d'objets et de signes de rapports, serait dépourvu de sens et de substance sans le mot qui féconde ce mélange, qui lui donne une signification positive et lui imprime le cachet même de l'intelligence.

Or, il a été bien entendu jusqu'ici, que tout ce que l'intelligence perçoit et affirme du monde physique et matériel qui l'environne, elle a la faculté de le concevoir et de l'affirmer d'une manière analogue du monde fictif et imaginaire qu'elle a la puissance de se créer. Le langage correspondant à ces idées purement abstraites est emprunté, comme nous l'avons déja remarqué au commencement de cet ouvrage, aux *objets* réels du monde matériel, ainsi que leurs *rapports* supposés, avec cette différence cependant que les perceptions dans l'ordre physique dépendant d'objets hors de nous, ne sont jamais à nos ordres, et que, dans l'ordre intellectuel, les matériaux qui forment la base de nos jugements sont eux-mêmes des fictions toujours à nos ordres; et lorsqu'ils cessent d'y être, il y a rêve, délire ou folie. Ainsi, dans cet ensemble de choses intellectuelles, l'ame est entièrement active et créatrice; et enfin, quelque métaphysique que puisse être une idée, l'homme ne peut la rendre que par des expressions calquées sur celles de l'ordre physique. C'est ce qui, sans doute, a fait dire à un philosophe moderne, qu'à la manière dont on définissait l'ame, il faudrait concevoir que *c'est un corps incorporel.*

PREMIÈRE CLASSE.

DES OBJETS.

LES NOMS.

Les objets qui occupent ou sollicitent notre pensée correspondent dans le langage à autant de mots que l'on a appelés des noms : ainsi, *arbre*, *pierre*, *mouton*, *etc.* sont autant de noms donnés en français aux objets dont ces mots réveillent en nous l'image ou la pensée ; et réciproquement ces mots se présentent facilement à nous dès que notre pensée se porte sur ces objets. Cette corrélation est rarement aussi bien marquée pour nous dans une autre langue que dans la nôtre ; elle exige un effort de mémoire qui nuit à la rapidité du discours, à moins qu'un long usage ne nous ait rendu cette autre langue familière, et pour ainsi dire, naturelle.

Les noms nous offrent d'abord deux classes bien distinctes : les noms *propres*, parce qu'ils ne conviennent proprement qu'à un seul objet, ou individu ; et les noms *communs ou génériques*, parce qu'ils conviennent à plusieurs objets de même nature et de même genre. *Paris*, *Socrate*, *Sirius* sont des noms qui n'appartiennent qu'à certains objets, considérés comme individus et qui leur sont particuliers ou *propres;* mais ceux *d'homme*, *de ville*, *d'animal*, *etc.* appartiennent en commun à une grande quantité d'objets de même nature : enfin, si la pensée réunit cependant plusieurs objets d'une nature différente, mais liés par un rapport commun, sous un seul signe vocal, c'est-à-dire, sous un nom qui puisse désigner cette réunion, ce nom sera ce qu'on appelle *collectif;* mot dont l'étimologie indique clairement la fonction. C'est un groupe, un faisceau de noms communs ou apellatifs réunis en un seul signe, ou nom.

Lycidas demande à *Myrtyle* : « à qui appartien-
« nent toutes ces chèvres, ces vaches, ces moutons

« qui paissent ensemble dans cette fertile plaine ? »
Myrtyle lui répond : « Tout cet immense troupeau
« que vous voyez appartient au vieux *Palémon*. »
Lycidas, *Myrtyle*, *Palémon* sont des noms *propres* :
chèvres, *vaches*, *moutons*, sont des noms *communs* :
troupeau est un nom *collectif*, c'est-à-dire, qui
réunit des noms de nature différente, mais qui présentent un rapport commun celui d'aller en troupe.

Les logiciens distinguent en outre les noms abstraits et les noms concrets, mais cette distinction
ne me paraît pas du ressort de la grammaire.

Tous les noms d'objets de la pensée, propres,
communs et collectifs, sont connus en grammaire
sous le nom de *substantifs*, comme désignant l'essence ou substance même de ces objets indépendamment de toute cause accidentelle qui peut en
modifier l'apparence : en effet, les objets ont de
certaines qualités ou manières d'être accidentelles
qui nous frappent, dont l'esprit prend note et auxquelles il a fallu donner des *noms* correspondants.
Ces qualités ou manières d'être accidentelles ne

changent cependant rien au fond des choses, à l'essence même des objets, que pour cette raison, comme nous venons de le voir, on a nommés *sub-stantifs*. Je vois un bloc de marbre *blanc*, j'en vois un *noir*, j'en vois un *gris*, etc. Je suis certain que la *matière*, la *substance* enfin de ces différents blocs est la même, qu'ils ne diffèrent que par une qualité ou manière d'être accidentelle; en consé-quence, je donne à cette matière ou substance le nom de *marbre*, qui est pour moi un *substantif*, et je donne ensuite un nom quelconque à ces diffé-rentes manières d'être, lesquels joints ou ajoutés au substantif, serviront à désigner l'objet d'une ma-nière plus précise. C'est ce qui a fait donner à cette espèce de mots le nom d'*adjectifs*, consacré depuis long-temps par toutes les grammaires. Cette dési-gnation beaucoup moins ridicule que quelques au-tres dont nous nous occuperons plus bas, n'est ce-pendant pas assez analytique. Etre *ajouté* est une circonstance qui distingue mal un mot, car on peut dire à la rigueur, que tous sont ajoutés les uns aux autres. Il faut donc autant qu'il est possible, en grammaire, comme en anatomie, comme en chimie (car la métaphysique est la chimie de l'esprit, l'anatomie de la pensée), que le nom imposé à une espèce ou classe de mots, en indique la nature et les fonctions. Quelques grammairiens ont déja proposé celui de *qualificatif* qui me paraît plus conforme à l'analyse, et plus propre à faciliter l'étude des langues.

Les qualités ou manières d'être accidentelles des objets ne leur sont donc qu'accessoires et ne peuvent subsister sans le concours de l'objet lui-même, qui forme dans notre esprit le corps principal de l'idée; aussi l'*adjectif* ou *qualificatif* ne peut exister seul dans le discours, tandis que le nom d'objet ou *substantif* peut y figurer indépendant de cet accessoire, ces qualités pouvant être ou ne pas être sans rien changer à la substance de l'objet de notre pensée. C'est ainsi qu'un homme successivement revêtu de différents costumes, peut se montrer en *turc*, en *hussard*, en *arlequin*, etc., c'est cependant toujours le même homme, l'habit seul a changé. Qu'il reprenne son costume habituel, ce sera encore le même personnage, parce que sa nature ou substance reste la même; mais tous ces habits séparés de lui ne sont pas des personnages, ce sont des manières accidentelles d'être vêtu, usitées dans tel ou tel pays, telle ou telle circonstance. L'adjectif ne peut donc pas plus exister sans le concours du *substantif*, qu'un habit ne peut figurer parmi les hommes, sans le concours d'une personne qui le porte.

Il est naturel de penser que toutes les fois que les hommes auront remarqué dans l'objet de leur pensée une qualité ou manière d'être, ils auront cherché à l'exprimer par un mot correspondant, et de même que, dans notre idée ainsi que dans la nature, la qualité est pour le moment inséparable de l'objet, de même dans le langage, le sort du qualificatif est lié à celui du *substantif*, et le suit dans toutes ses phases. Ainsi l'on dit *une passion ardente*, *a black horse*, *summum bonum*, *gna-*

7

dige frau, etc... Cependant il est bon de remarquer que le caprice des langues admet indispensablement dans les unes, ce qu'il rejette entièrement dans les autres : d'où nous sommes en droit de conclure que ce qui n'est pas commun à toutes, ne doit pas être considéré comme nécessaire, n'est, par conséquent, qu'une superfluité, une entrave de plus à la pensée, car la pensée va toujours plus vite que la parole qu'elle accuse si souvent de lenteur.

On dit dans les écoles que l'adjectif doit s'accorder avec le substantif en *genres*, en *nombres* et en *cas*. L'étude du grec et du latin a dû nous convaincre de l'indispensabilité de ce principe. Ces deux langues, ainsi que beaucoup d'autres, observent effectivement cette triple concordance. Le français ne suit souvent que deux de ces conditions; l'anglais, le samscrit, le chinois, etc., une seule; l'adjectif y est indéclinable. Il existe cependant peu de langues aussi nettes et aussi précises que l'anglais, quoique l'adjectif y soit affranchi de la triple règle des genres, des nombres et des cas. Les langues à in-

versions, il est vrai, semblent ne pouvoir s'en passer. A quoi serait-il possible de reconnaître le rapport de tel adjectif avec le substantif auquel il
appartient, quand la même phrase en renfermerait
plusieurs, s'il ne portait, pour ainsi dire, la livrée
ou l'uniforme de son patron? Et, sans la funeste
distinction des genres, distinction si peu en harmonie avec la métaphysique des langues, la construction directe rendrait les nombres et les cas
absolument inutiles. L'anglais, cette langue si analytique, et dans laquelle la pensée se moule avec tant
de facilité et prend des formes si heureuses, nous
en fournit la preuve et l'exemple. On dit également,
*a black horse, black horses, a black woman, black
women*, etc., un cheval noir, des chevaux noirs,
une femme noire, des femmes noires. Ni les cas ,
inconnus dans cette langue parce que l'article y
supplée nécessairement comme en français, ni les
genres, ni les nombres ne changent rien à ce qualificatif *black* , qui reste unique et indéclinable au
grand soulagement de la mémoire, et l'on doit être

facilement convaincu, qu'en fait de langage surtout, moins cette faculté est obligée de se sur-
charger de formes inutiles, plus elle peut aisément
s'enrichir du fonds des choses.

Nous voyons donc que les attributs, ou qualités,
ou manières d'être accidentelles qui distinguent
si éminemment les objets de nos pensées jouent un
grand rôle dans le discours; car étant presque
toujours éventuels, nous ne pouvons rendre clairement nos idées sur ces objets, qu'en notant d'une
manière précise ce qui peut les distinguer d'avec
des objets de même nature. *Je veux acheter un
cheval noir : cheval* est l'objet de ma pensée désigné par le mot appellatif commun à toute cette
espèce , mais je restreins mon idée par la qualité
que je désire trouver en lui , *d'être noir. Votre
passion est criminelle :* une passion pourrait être
ridicule, malheureuse, légitime, honorable, etc.,
criminelle est ici le *qualificatif,* ou le mot exprimant
la qualité, c'est-à-dire, qui sert à caractériser le
genre de passion que j'ai en vue, et qui est l'objet

de ma pensée. Il existe nécessairement une foule de cas où les noms qualificatifs sont indispensables pour ne pas laisser l'auditeur dans le vague ; il en est d'autres où son secours devient inutile et forme ce qu'on appelle *redondance*. *Venez voir le cheval que j'ai acheté :* ici, je ne m'occupe que de l'animal lui-même sans mentionner sa couleur ou sa qualité accidentelle d'être *noir*, par la raison, sans doute (car celui qui parle correctement ne parle point au hasard), que la personne à qui je me propose de montrer ce cheval saura immédiatement à quoi s'en tenir sur sa couleur. J'aurais bien pu dire, *venez voir le cheval noir que j'ai acheté ;* mais on sent que le qualificatif eût été ce qu'on appelle une *épithète oiseuse.* C'eût été une superfluité dans une phrase grammaticalement correcte. Les superfluités ou redondances nous choquent bien davantage lorsque le qualificatif n'exprime plus une qualité éventuelle, mais inhérente à la nature même de l'objet de la pensée, et qui ne pouvant en être détachée ou conçue séparément, n'a pas besoin d'être spécifiée ; c'est ce que les rhéteurs ont nommé des *pléonasmes*, et non-seulement ces locutions nous choquent, mais ce qui est digne de remarque et pour le métaphysicien et pour le physiologiste, c'est qu'elles excitent en nous le sentiment du ridicule jusqu'au rire immodéré. Il n'est pas rare d'entendre des gens d'une certaine province de France entr'autres, parler *d'une forêt d'arbres*, demander une *buche de bois*, ou de *l'orgeat blanc*, etc. *D'arbres et de bois* sont de véritables noms dits adjectifs, *d'arbres* répond au mot *forestier*, *de bois* au mot *ligneux* : mais ces mots sont peu usités, et n'étant pas du répertoire de la conversation, on les supplée par un équivalent comme si l'on disait, une *forêt forestière*, etc. C'est donc non-seulement l'inutilité d'une épithète qui ne peut rien ajouter à l'idée ou objet de la pensée, mais la parfaite identité de l'objectif et du qualificatif dans certains cas, qui excite en nous cette petite convulsion du rire. Plus le pléonasme se rapproche de cette identité, plus le sentiment du ridicule est vif.

Cette courte esquisse du nom objectif et du nom qualificatif, va nous mener à la connaissance des *noms abstraits*. Par cette faculté d'abstraction que possède l'esprit humain et qui le distingue si éminemment des animaux, laquelle consiste à séparer mentalement la qualité d'avec l'objet pour s'en occuper à part, nous réunissons sous un seul signe vocal, c'est-à-dire, sous un seul nom, toutes les qualités semblables ou plutôt pareilles que nous avons pu remarquer et extraire simultanément des différents objets. Par exemple, j'ai remarqué que la *lune est blanche*, que *la neige est blanche*, que mon *mouchoir est blanc*, que le *lys est blanc*, que mon *cheval est blanc*, etc.; l'identité de cette sensation dans ces différents objets me frappe : abstrayant donc, c'est-à-dire, tirant à part cette qualité qui leur est commune et qui est la cause de cette sensation, je lui donne un nom, je l'appelle en français *la blancheur*. Ce nom étant le résultat de ma faculté d'abstraire ou *d'abstraction* a été désigné par l'épithète *d'abstrait*, qui explique son origine et est très conforme à l'analyse ; néanmoins j'adopterai en entier le sentiment de plusieurs grammairiens d'accord en cela avec l'abbé *Girard*, qui serait de lui donner de préférence celle *d'abstractif*, qui a de plus que le mot *abstrait*, dont il ne diffère pas pour le sens, d'être en harmonie avec les noms grammaticaux qui affectent en général la terminaison en *if* : c'est en quelque sorte la livrée ou l'uniforme grammatical. Il est bon d'observer en passant que les *qualités* des corps excitent en nous des sensations et qu'en donnant un nom à ces qualités, c'est plutôt notre sensation qui est réellement désignée par le signe vocal, que les qualités fugitives, insaisissables et qu'il est matériellement impossible de séparer des objets réels.

Or, comme le monde métaphysique et purement intellectuel est fondé sur les mêmes bases et se compose des mêmes éléments que le monde réel et physique, qui nous presse et nous enveloppe de toutes parts, il s'ensuit que les noms *abstraits* ou *abstractifs*, tels que *vertu*, *bonté*, *possibilité*, etc.,

sont des noms substantifs formés de la même manière et qui réunissent sous un seul signe, non *la
sensation*, mais *l'idée* générale de tous les *bon* ou
de tous les *possible* ; en dernière analyse, un *qualificatif* ou *adjectif* nous transmet l'idée d'une qualité applicable à tel ou tel objet de notre pensée,
le nom *abstractif* généralise cette application par
cela même et en forme à l'instant un nouvel objet
de pensée ; et c'est ainsi que s'opère la métamorphose grammaticale d'un *adjectif* ou *qualificatif* en
substantif. Ce substantif *abstrait* ou nom *abstractif*, est donc un faisceau d'adjectifs ou qualificatifs, ainsi devenu l'objet spécial de ma pensée, au
lieu de n'être qu'accidentel et accessoire à un objet principal : il en est ainsi de toutes les abstractions possibles, telles que *grosseur*, *chaleur*, *impuissance*, *fidélité*, etc.

Ce serait ici le cas de remarquer, pour l'intelligence de la langue française en particulier, en ce
qui concerne le mécanisme de transformation de
l'adjectif en *substantif*, que la présence de l'article

en est toujours l'indication certaine. Si je dis : *cet homme est bon et beau*, *bon* et *beau* sont évidemment deux *qualificatifs* qui expriment l'idée de *bonté* et de *beauté*, applicable particulièrement à cet homme ; mais si je dis, *le beau et le bon sont réunis dans cet homme*, j'ai exprimé identiquement la même idée ; mais ici, le *beau* et le *bon* sont considérés comme des êtres métaphysiques qui forment les objets présents à ma pensée et produits par l'abstraction ; la seule présence de l'article suffit pour indiquer cette métamorphose, car il faut bien comprendre que les individus grammaticaux n'ont besoin d'aucune existence réelle pour devenir de vrais *substantifs*, et que cette existence métaphysique est la seule dont doit s'occuper la grammaire.

Les Nombres.

Nous n'avons considéré jusqu'à présent les différents objets de la pensée qu'isolément, c'est-à-dire, comme n'occupant la pensée qu'un à un.

C'est ce que les grammairiens appellent le *nombre singulier* ou simplement *le singulier ;* mais l'esprit a souvent en vue un certain nombre ou plutôt un nombre indéfini de ces objets et les considère collectivement. J'ai l'idée d'un seul *cheval ;* cette circonstance d'isolement dans ma pensée est ce qu'on appelle le *singulier : cheval* est donc le mot français qui exprime un seul individu de cette espèce, et ne pourrait convenir à deux, ni trois, ni plusieurs. Mais si je veux en désigner, en français, deux, trois ou plusieurs à la fois, j'emploierai le mot *chevaux*, qui toutes les fois qu'il frappera mon oreille m'indiquera qu'il est question collectivement d'un certain nombre de ces animaux, et que mon esprit doit se représenter cette certaine quantité d'animaux, dont chacun en particulier, c'est-à-dire, *au singulier* est nommé *cheval*. Il en est ainsi dans toutes les langues. Il a fallu nécessairement distinguer entre le premier échelon de l'échelle numérique et ceux qui le suivent; ici, la confusion eût été certaine.

Aucun grammairien, que je sache, n'a encore fait remarquer la nuance légère, mais tranchante, qui distingue dans ce cas les pluriels d'avec les noms *abstractifs*. Ceux-ci sont un faisceau d'adjectifs ou *qualificatifs* réunis et fondus, pour ainsi dire, en un seul objet de la pensée et comme tel employé *au singulier*, la plupart du temps, ce qui forme une première différence notable. C'est, si l'on veut me passer cette comparaison, la même opération que celle par laquelle un employé de la Monnaie, réunirait par la fusion vingt pièces de vingt-cinq centimes pour en frapper une seule de cinq francs. Le pluriel, au contraire, ne présente que la réunion, l'aggrégation et non la fusion des différents objets de la pensée. Le pluriel serait donc plutôt la bourse qui rassemblerait les vingt petites pièces d'argent sans les fondre en une seule.

Par la même raison que les langues n'ont en général observé aucune autre distinction numérique que l'unité ou la pluralité indéfinie, on conçoit qu'elles auraient pu inventer des distinctions grammaticales, correspondantes aux objets pris deux à deux, trois à trois, quatre à quatre, etc., ce qui eût, il est vrai, fort enchevêtré le discours, mais que la nécessité ou le luxe du langage aurait pu introduire. Les langues modernes et une foule d'anciennes méconnaissent ces distinctions minutieuses. Néanmoins, le grec par son *duel* donne à cette manière de considérer ou de réunir les objets de la pensée, une forme grammaticale particulière dans les conjugaisons et les déclinaisons. L'ancien égyptien employait aussi le *duel*, mais si la patience et la sagacité des érudits sont parvenues à triompher de ce chaos de signes et d'hiéroglyphes , nous n'en pouvons rien conclure sur l'emploi plus ou moins heureux du duel dans le langage de cet antique peuple dont les arts nous seront toujours plus connus que la littérature; mais c'est déja beaucoup pour l'objet qui nous occupe, que d'avoir pu constater son analogie avec les divers idiomes connus. L'hébreu a borné le mécanisme de ce duel aux objets seulement que la nature ou l'art ont appareillés, tels que les yeux, les jambes, les souliers, etc., de sorte que le duel de l'un répond à ce que nous entendons par *couple*, et celui de l'autre à ce que nous appelons *paire*. Enfin, s'il est question d'une quantité indéfinie au-dessus de deux, l'une et l'autre de ces langues emploient la forme du *pluriel*.

On peut s'étonner, sans doute, que les hommes aient introduit tant de distinctions dans le langage, mais on pourrait s'étonner, à plus juste titre encore, de ce qu'ils n'en ont pas établi davantage. Il est vrai, comme nous l'avons déja dit, qu'aucune langue n'a été faite, ni imposée à aucun peuple, *à priori*. Elles ont toutes été créées par l'*usage* ou détruites par le défaut d'usage, et l'*usage* est fondé sur le besoin de s'entendre plus ou moins, sur le commerce habituel des idées.

Des Genres.

Mais si les nombres, à quelques légères variations près, ont dû être admis dans toutes les langues, sous peine de confusion, il n'en a pas été de même *des genres.* Elles diffèrent beaucoup entr'elles à cet égard. Les langues anciennes que nous appelons classiques en reconnaissaient trois. Parmi les langues modernes, les unes sont basées sur la même division, d'autres bornent les genres à deux seulement, ce qui est le moins possible, car se réduire à un seul, équivaudrait à n'en pas avoir du tout. Telles sont parmi les dernières à deux genres seulement, l'italien, l'espagnol, le français, etc. Mais à l'exception des genres fournis dans les langues par la nature même des sexes, il n'est point de nomenclature plus déplorable et plus arbitraire dans les langues anciennes ou modernes, que celle des *genres,* fondée par le pur caprice des peuples, et dans la classification desquelles il est impossible de rien apercevoir de *philosophique.* La bizarrerie de ces prétendus genres faussement et capricieusement attribués à tel ou tel meuble, à tel ou tel objet naturel ou artificiel, chez qui l'impuissance de la reproduction démontre l'absurdité d'une distinction de sexe, jette toujours l'enfant et l'étranger dans la perplexité et cause si souvent de ridicules solécismes. Les naturels cependant parviennent tôt ou tard, par le fréquent usage et l'étude, à maîtriser ces anomalies et à employer chacun de ces noms suivant le genre qui lui a été assigné, mais il faut convenir d'abord que toute entrave dans la forme, nuit au fonds des idées. Surchargé de toutes ces annotations oiseuses, l'esprit ressemble à une jeune femme dont la démarche serait plus libre et conséquemment plus gracieuse, si les atours qui la surchargent étaient moins pesants et plus conformes à sa taille et à la facilité de ses mouvements. Je l'ai déja dit, et je crois devoir le répéter souvent; la parole n'est pas la pensée : elle n'est que l'instrument de sa représentation. Or, plus l'instrument est léger et facile à manier, moins l'ouvrier se fatigue, plus il lui est aisé de se livrer aux inspirations de son talent.

Les langues qui admettent un *genre neutre*, c'est à dire qui, analytiquement parlant, rejettent dans une seule classe, les mots sans distinction de genres mâle ou femelle, autrement, *masculin* ou *féminin*, ont beaucoup diminué le ridicule de ces faux sexes. Mais, en général, cette classification est extrêmement défectueuse. Il s'y rencontre une foule d'objets auxquels on a laissé induement des *genres* : et sous ce point de vue le mal est moindre dans les langues dites à trois genres que dans celles qui n'en ont que deux. On ne peut s'empêcher de convenir que le caprice des peuples est ce qui a toujours déterminé ces prétendus genres. Le soleil, par exemple, qui est sans contredit l'objet le plus saillant pour les yeux humains, reçoit tous les genres, suivant la langue dans laquelle on le nomme ; en latin *sol,* masculin : en allemand *die sonne,* féminin ; et *das mädchen,* neutre : en français *le soleil,* masculin, et *la fille,* féminin. Toutes ces anomalies nous mettent assez sur la voie de penser que s'il existait une langue dans laquelle la répartition de tous les noms substantifs ou objets de nos pensées, eût été faite d'une manière rationelle et par conséquent n'eût donné de *genre* qu'à ce qui possède réellement un sexe, cette langue pour sa clarté et sa facilité eût offert de grands avantages aux enfants et aux étrangers surtout. Hé bien, cette langue existe en Europe, le peuple qui la parle n'est séparé de nous que d'un faible intervalle. L'instrument de la pensée y est donc plus facile à manier, et cette cause jointe à quelques autres que cette analyse du langage doit nous développer, peut servir à expliquer la facilité d'élocution de ce peuple, dans toutes les classes : et l'on conviendra que si l'avantage du climat milite en notre faveur pour la vivacité et le déployement de la pensée, la forme si analytique de la langue anglaise est bien plus favorable aux talents du poète et de l'orateur en général, quand bien même la France offrirait des exceptions qui annoncent des génies supérieurs. Ce sont les *Hercules* dont j'ai parlé plus haut : ils eussent été tout aussi étonnants en *bas-breton*, qu'en *grec* ou en *français*, mais ils eussent été réduits à un bien plus petit nombre d'admirateurs. Cet immense avantage des langues bien faites, ou très analytiques est donc encore plus marqué pour les masses que pour les individus. Aussi le nombre des bons poètes, des bons orateurs, des bons écrivains est plus considérable en Angleterre qu'en France et en Allemagne, bien que quelques-uns des nôtres aient pu, comme je le pense, surpasser leurs meilleurs modèles *.

L'ARTICLE.

Ce mot a dans le langage des fonctions aussi importantes que difficiles à bien déterminer. Toutes les langues modernes de l'Europe l'admettent ; néanmoins il a existé et il peut exister des langues

---

* La langue anglaise présente cependant une anomalie des plus singulières. Ce que nous appelons un vaisseau de guerre, au lieu d'être au neutre, y est revêtu d'abord d'un sexe, on l'appelle *man of war*, homme de guerre ; mais le comble de la bizarrerie, c'est que nonobstant cette métamorphose *au masculin*, unique dans cette langue, on emploie le pronom *she* féminin, en supprimant le substantif ; c'est comme si nous disions dans notre langue : « *Voilà un bel homme de guerre, elle est complétement armée.* » Le tout pour dire : voilà un beau vaisseau de guerre, il est bien armé.

sans articles. Le français lui-même n'a commencé à s'en servir que sous le règne de Charles VI. La langue latine parmi les anciennes est la seule qui paraisse n'en pas faire usage : c'est sans doute ce qui a induit d'habiles grammairiens, entre autres *Scaliger*, à penser qu'il n'était pas indispensable, à le considérer comme inutile ou comme une super-fétation du langage, et conséquemment comme un embarras. C'est je crois une erreur, si cette idée s'applique à une langue bien faite, parlée par un peuple dans un état complet de civilisation. Le premier langage de l'enfance, la manière dont on commence à balbutier une langue étrangère, celle dont les nègres s'expriment dans nos colonies, etc., démontrent qu'on peut s'en passer jusqu'à un certain point et se faire comprendre ; mais on ne peut se dispenser de reconnaître que c'est aux dé-pens de la clarté et que les méprises y sont fré-quentes. Il n'y a de rigoureusement indispensable dans une langue que les signes d'objets, ou noms, le verbe, et les signes de rapports auxquels, s'ad-

Joignent , souvent comme auxiliaires, les gestes ou la pantomime et qui quelquefois les suppléent. Mais alors le langage serait dans un état d'imperfection et d'enfance qui ne pourrait convenir à un peuple policé, vieilli dans le commerce de la pensée et de la parole, et par conséquent familiarisé avec les abstractions. Or , l'article est une abstraction : c'est un véritable *nom abstrait* de tout objet qui occupe notre pensée comme simple individu , ou de tous les objets qui l'occupent comme aggrégation d'individus , en quoi il diffère comme nous l'avons déja vu des noms collectifs qui considèrent une quantité indéterminée d'objets réunis , comme ne formant plus qu'un seul corps, un seul objet de pensée , tandis que l'article est un *nom abstrait* aussi , mais qui ne désigne que l'idée d'individualité appliquée soit à un seul, soit à une pluralité d'individus. De sorte que l'article *le* en français, par exemple, nous fait déja pressentir même avant que le nom qui doit suivre ne soit prononcé, qu'il est question d'un seul individu grammatical : *les* , qu'il va être question de plusieurs individus grammaticaux. Nous voyons tous les jours des gens dont la mémoire est en défaut sur certains noms qu'ils cherchent à retrouver, et qui d'avance prononcent à plusieurs reprises l'article qui précède le nom qui ne se retrouve pas. Une femme vous dirait : C'est un savant géomètre qui vient de trouver, dit-on, *la , la , la...* Comment nommez-vous donc cela la la... *la quadrature du cercle ?* Oui, c'est cela ; la quadrature du cercle. La répétition de cet article *la la ,* annonçait non-seulement un individu grammatical dans notre langue , mais encore du genre féminin, ce qui met l'auditeur tant soit peu sur la voie. C'est un courrier qui annonce son maître , que quelqu'accident cependant a retardé et empêche de paraître aussi promptement qu'il le devait.

La langue latine fournit donc la principale objection à la nécessité de l'article , chez un peuple parvenu à une haute civilisation : mais, 1° les latins y suppléaient constamment par la variété des désinences qui constituent leurs déclinaisons ; car , que la fonction de l'article soit remplie par un mot séparé, ou par la variété du son final, peu importe, le résultat sera le même. Seulement l'idée d'individualité suit celle de l'objet de la pensée au lieu de le précéder.

2°. Les latins possédaient réellement des articles que le génie de leur langue rendait habituellement inutiles, mais auxquels ils avaient recours, dès que la netteté de la pensée ou la précision l'exigeait. *Ille*, *illa*, *illud : ipse*, etc., *iste*, etc., quoique rangés communément dans la classe de leurs pronoms, remplissent les fonctions de véritables articles. C'est ce que *Duclos*, *Dumarsais* et d'autres ont déja reconnu et démontré. Le début de l'Énéide n'en est-il pas une preuve positive, *Ille ego qui quondam*, etc., *ego sum ille qui quondam*, etc., je suis le *il* qui jadis, c'est à dire, *celui* qui jadis, etc. On serait bien plus en droit de dire que les adverbes ne sont pas indispensables, puisqu'on pourrait parler long-temps avec clarté et même avec élégance sans employer d'adverbes, ce que nous verrons à l'article qui le concerne. Concluons que dans le début ou l'enfance des langues, l'homme peut faire comprendre sa pensée à l'aide des trois espèces de mots indispensables, *les noms* substantifs, *le verbe* et quelques *rapports* ; ces trois classes de mots sont encore très bornées, il est vrai, mais à mesure que son intelligence se déploie et qu'un peuple a cultivé les sciences et les lettres et par conséquent combiné ses pensées, la nécessité d'exprimer les abstractions, les généralités et toutes les nuances que les combinaisons d'ordre, de temps, de nombres, de situations recpectives, etc., peuvent apporter de modifications dans la pensée et conséquemment dans le langage, a forcé ce peuple à étendre les signes de cette algèbre, jusqu'au point où nous les trouvons dans la lexicologie des différents peuples connus. Car, en somme, la langue d'un peuple et sa pensée habituelle sont toujours corrélatives. C'est donc dans l'extension métaphysique de ces trois grandes classes de mots que consiste le perfectionnement graduel d'une langue et non dans de nouvelles divisions fondamentales ; car, quelque essor que prenne jamais l'esprit humain, son langage soumis à l'analyse sera toujours réductible en *signes de noms, verbe* et *signes de rapports.*

Je pense que pour se former une idée nette de l'article, il faut remonter aux causes qui ont pu en nécessiter l'emploi.

Nous avons dit que *les noms* ou substantifs correspondent aux différents objets de notre pensée. Mais à moins qu'une langue ne soit, comme nous venons de le dire, dans l'état d'imperfection que comporte l'état sauvage, il est nécessaire, pour la parfaite intelligence de la parole, de déterminer autant qu'on le peut et de bien faire comprendre à la personne qui écoute ou qui lit, ce qui peut restreindre, particulariser ou généraliser notre idée. En disant : *pauvreté n'est pas vice,* je prends ces deux noms dans leur sens le plus général ; c'est comme si je disais, *la pauvreté en général n'est pas un vice en général,* c'est-à-dire, ne doit pas être rangée au nombre des vices. Mais, si je disais, *la pauvreté dont vous vous plaignez est l'effet du vice que je vous reproche*, je particulariserais *la pauvreté* et *le vice*, qui forment l'objet de ma pensée, et qu'elle considère alors comme un objet spécial, un individu grammatical. *Pierre qui roule n'amasse pas de mousse*, il est clair que je généralise, c'est-à-dire, que je n'ai aucune pierre en vue. Mais si je dis, *la pierre angulaire de cet édifice a été posée*, etc., ici, bien certainement, j'ai en vue une pierre particulière, qui est l'objet spécial, l'individu grammatical, objet de ma pensée ; c'est-à-dire, que je considère tous *les noms* abstraits ou concrets, comme autant d'individus, quand même le *nom* exprimerait une idée collective; car, je crois inutile d'insister sur ce que les noms collectifs tels qu'*armée*, *forêt*, *peuple*, etc., bien que représentant à l'esprit une multitude d'individus, une fois rangés sous un seul signe, deviennent aussi des individus grammaticaux ; et dans ce cas *l'article* ayant pour fonction d'*individualiser* les mots devant lesquels il se trouve placé, son usage dans les langues modernes de l'Europe devient indispensable, pour distinguer si l'objet de la pensée est pris dans un sens général ou particulier. *Boileau* a dit :

De tous les animaux, ...
De *Paris* à *Pékin*, du *Pérou* jusqu'à *Rome*,
Le plus sot animal, à mon avis, c'est l'*homme*.

L'homme représente ici toute l'espèce humaine ; c'est en général un homme quelconque. Ce n'est cependant point un *nom collectif*, mais un nom *générique* où l'individu est pris pour tout le genre. *L'homme* représente dans cet exemple, le genre humain, et grammaticalement il doit cependant être considéré comme un simple individu, dans la classe si étendue *de tous les animaux*. Ainsi, pour entrer dans l'idée de l'auteur, si on pouvait rassembler ou se figurer rassemblés tous les animaux possibles, chacun représentant son espèce, un lion, un chat, un mouton, un ours, un corbeau, un loup, un brochet, un tigre, etc., enfin un homme; de tous les animaux le plus sot, suivant lui, serait non le mouton, l'ours ou le corbeau, mais l'*homme*. Concluant ainsi du simple individu à tout le genre, il fait comprendre à ses lecteurs que les hommes sont les plus sots de tous les animaux *.

---

* Ceci, au reste, tient au génie de notre langue. L'anglais, par exemple, qui est une langue à articles, aurait rendu la même idée sans en faire usage. *Of all animals*, etc., *the most stupid animal, in my opinion, is man.* C'est le fréquent emploi que nous faisons de l'article qui me paraît une des principales causes de l'extrême clarté de notre langue; mais cet avantage ne lui est acquis qu'aux dépens de la souplesse et de la vivacité des formes. Cette netteté et cette précision la rendent, il est vrai, plus propre aux ouvrages didactiques, aux transactions particulières, aux actes diplomatiques, etc. C'est, si l'on veut, la langue de la raison et du jugement; mais l'imagination, alliée naturelle des passions, qui se plaît dans le vague et même dans un certain désordre, s'arrange difficilement de toutes ces entraves. Ce n'est donc pas sans raison qu'on la trouve si peu favorable à la poésie. Il faut être doublement poète pour l'être en français; mais, comme *Hercule* maniait avec facilité la plus lourde massue, de même les grands génies triomphent de tous les obstacles. Nos premiers poètes ont égalé et même surpassé quelquefois leurs plus grands modèles, en dépit de leur langue. C'est, sans doute enfin, la raison pour laquelle un poète ne peut guère être médiocre en français.

Il existe une foule d'autres manières de particulariser les objets de nos pensées qui excluent souvent l'article dont la fonction se borne à individualiser, c'est-à-dire à annoncer *une* ou *plusieurs unités*. Ainsi on dit : *Tout homme qui se rend coupable*, etc. *Chaque soldat a reçu un mois de solde*, etc. *Beaucoup de gens s'y sont trompés*, etc. *Il existe peu d'hommes aussi vaillans*, etc. *Cet homme ne se fait aucune conscience de*, etc. *Nul individu ne pourra désormais*, etc. Dans tous ces exemples, l'article a disparu : c'est qu'on n'a pas l'intention de désigner tel ou tel homme, tel ou tel soldat, tel ou tel degré de probité ou de conscience, etc. On n'a donc pas cherché à individualiser.

Les nombres excluent aussi d'autant mieux l'article, qu'ils placent à un rang déterminé dans l'échelle numérique l'objet ou les objets de la pensée, tandis que l'article ne les considère communément que comme *un* ou *plusieurs*. On dit donc: *Deux hommes , six pêches , quarante chevaux , cent mille francs*, etc., et tous ces objets se trouvent désignés et particularisés de manière à ne laisser aucun doute sur leur quantité; mais si au lieu de désigner *cent mille francs* en général ou deux hommes quelconques, mon esprit a en vue telle ou telle somme de 100,000 fr., tel ou tel couple d'hommes, alors cet objet particulier de ma pensée rentre sous la toute-puissance de l'article qui *l'individualise* aussitôt; et je dis : *les 100,000 fr. que je vous ai donnés*, etc.; *les deux hommes que je vous ai amenés*, etc.; *les six pêches que vous avez mangées*, etc.; parce que ce sont bien réellement tels 100,000 fr., tel couple d'hommes, telle demi-douzaine de pêches que j'ai en vue et non d'autres semblables, en même quantité. Rien, à mon avis, ne peut donner une idée plus nette des fonctions de l'article que ces exemples.

Je ne crois pas devoir traiter ici du prétendu article indéfini. Plusieurs grammairiens ont déja prouvé qu'il ne diffère pas du premier terme de l'échelle numérique pour le fond et même pour la forme dans la plupart des langues. Si l'article indéfini existe en quelque langue, c'est certainement en anglais. *A*, *an* ne répond ni à *the* ni à *one*, du moins pour la figure ou pour le son ; mais je le regarde, ainsi que quelques auteurs anglais, comme un débris du mot *one*, premier terme de la numération, altéré par la fréquence des répétitions et usé, pour ainsi dire, par l'habitude de s'en servir.

Mon sentiment est donc que *l'article*, cet *individualiseur*, ce substantif métaphysique, joue, à l'égard des noms, le même rôle que nous verrons plus bas, les pronoms remplir à l'égard du verbe, c'est-à-dire que, soit au masculin, soit au féminin, au neutre, au singulier, au duel ou au pluriel, suivant les différentes langues, *l'article* est, pour ainsi dire, le nom abstrait et général de tout objet présent à notre pensée ; mais, comme il en résulterait que tant d'objets divers n'auraient qu'une seule manière d'être désignés, qu'un seul nom, que, par conséquent, il y aurait obscurité et

confusion, on y joint immédiatement le nom particulier, commun, appellatif ou générique qui doit
spécifier, d'une manière positive, l'objet qu'on a
en vue. Je dis, par exemple : *Le cheval arabe, qui
a gagné hier le prix de la course, est un bien bel
animal.* Le premier membre de ma proposition
est composé de ces mots : *le cheval arabe qui a
gagné hier le prix de la course : est* est le verbe
qui lie les deux membres et porte l'*affirmation ; un
bel animal* est le second membre. Si j'eusse dit simplement : *le est un bel animal,* ma proposition eût
été si vague qu'il eût été impossible de savoir quel
est l'objet que mon esprit a en vue. Cependant s'il
eût été présent un mot aussi abstrait eût suffi ; car
j'aurais pu dire en le montrant : *il* est un *bel animal,* ou *c'est un bel animal.* Mais, dans le cas
dont il s'agit, si personne ne sait d'avance quel est
l'objet de ma pensée, je suis obligé de m'expliquer
plus clairement et de le désigner par quelques caractères qui lui soient propres, puisque *le,* dans
notre langue, peut s'appliquer à tout individu

grammatical du genre masculin : c'est un simple exposant, qui suffit dans le discours pour rappeler un objet déja dans la pensée, mais non pour l'y faire naître. Alors j'ajoute le nom commun *cheval*, qui porte la pensée de l'auditeur sur un individu quelconque de cette espèce, et, si j'en restais là, ma proposition serait générale, et se réduirait à affirmer que *le cheval est un bel animal;* or, comme mon intention n'est pas d'avancer une proposition générale, mais qu'elle est dirigée sur un certain animal de cette espèce, je me rappelle que ce cheval que j'ai en vue, et qui est toujours l'objet de ma pensée est *arabe*, c'est-à-dire de race arabe : cette épithète ou qualificatif le désigne donc plus particulièrement et restreint encore l'idée générale de *cheval*. J'ai donc avancé que *le cheval arabe est un bel animal.* S'il était présent, cette phrase seule suffirait pour le distinguer de tous les chevaux anglais, sardes ou limousins qui pourraient se trouver avec lui; mais comme il se pourrait que d'autres chevaux eussent gagné le prix de quelqu'autre course il y a deux, trois ou huit jours, j'ajoute : *qui a gagné hier le prix de la course*. Or, comme je sais qu'hier il n'y a eu qu'un seul cheval arabe qui ait concouru au prix, mon idée ou l'objet de ma pensée est suffisamment particularisé pour que ceux qui m'écoutent puissent la saisir exactement et sachent à quoi s'en tenir sur ce que j'avance.

Nous verrons plus bas que c'est ainsi que *je*, *tu*, *il*, *elle*, etc., connus sous la dénomination de *pronoms personnels*, ne désignent rien de positif, quand quelque nom propre ne vient pas éclaircir le vague de ces mots abstraits. A plus forte raison, l'article embrassant une nomenclature bien plus étendue, nécessite la présence d'un substantif, à moins que n'ayant été indiqué récemment, la seule présence de l'article suffise pour le rappeler : de même que le premier mot d'une phrase connue suffit, sans qu'il soit besoin de l'achever, pour la rappeler toute entière à l'auditeur. Je demande *si mon cheval est prêt*; on me répond *qu'il l'est*; alors, je dis, *ame-*

nez-le moi. Ici, *le* est bien évidemment le nom abstrait qui représente algébriquement l'objet de ma pensée, sur lequel il ne peut y avoir de doute pour l'auditeur. Il n'y a donc aucune nécessité de spécifier plus particulièrement cet objet de ma pensée; dans ce cas-là, le mot *le* désigne donc non-seulement *un cheval*, mais encore *mon cheval*; car s'il fallait traduire exactement *amenez-le moi*, l'équivalent serait : *amenez-moi mon cheval*, et plus analytiquement, *amenez-moi* LE *cheval de moi* : en supprimant donc ce qui est inutile puisqu'il n'y a aucun doute que l'objet de ma pensée est *mon cheval ou le cheval de moi*, je supprime ces mots *cheval de moi* et il ne me reste plus que *amenez-moi-le*, qui se dit même souvent pour *amenez-le moi*.

Quelques personnes ne considèreront peut-être pas dans cet exemple le mot *le* comme un article, mais comme ce qu'ils appelleront sans doute l'accusatif de *le*. Je crois d'abord que c'est toujours à tort qu'on parle de cas, et d'accusatifs par conséquent, dans notre langue, puisqu'elle n'en comporte pas et que nous avons déja vu que les articles ne font que suppléer aux différentes désinences qui forment le système des déclinaisons de certaines langues ; et bien que le caprice de quelques-unes ait admis l'article avec les déclinaisons , néanmoins , il est analytiquement certain que l'un de ces deux mécanismes rend l'autre surabondant ; le français , l'italien , l'anglais, etc. , ayant adopté l'article ont pu s'affranchir de l'embarras des déclinaisons. Nous n'avons donc point de cas en français. Mais l'étude des langues classiques nous a forcément jetés dans cette erreur de routine , que d'habiles grammairiens ont déja reconnue et relevée avant moi. Je crois ensuite que c'est à tort qu'on séparerait l'article *le* , *la* , *les* , des prétendus pronoms *il* et *elle;* car ils sont bien identiquement pareils en français. *Puisque vous connaissez ce fait* , dites-LE : *si vous avez appris votre leçon* , récitez-LA : *si vous connaissez ces personnes là* , nommez-LES, etc.; ces trois locutions répondent à ceci : puisque vous , etc., *dites le fait* : si vous avez appris, etc. , récitez la *leçon que vous avez apprise : si vous connaissez*, etc., *nommez les personnes.* Il est facile de voir que les prétendus accusatifs de *il* et de *elle* ne sont réellement que les articles *le la les*, ou les noms abstraits représentant algébriquement les objets de ma pensée. Cependant on pourrait distinguer ici une légère nuance, c'est que dans notre langue qui n'admet que deux genres, le mot *le* est quelquefois employé comme s'il existait un neutre. *Si vous savez où est le prince, dites-le. Le* répond ici au mot *cela*; car on ne pourrait traduire *dites le prince :* mais bien dites *cela* c'est-à-dire, *dites la chose,* le *negotium* des latins si souvent sous-entendu. L'embarras de substituer en français un mot masculin au mot *chose* ou à la traduction littérale de *negotium*, donne à ce mot *le* en pareil cas, la physionomie d'un article neutre, qui disparaîtrait néanmoins, si nous pouvions toujours trouver un nom masculin, comme dans le premier exemple. Mais en voici un où les vues de l'esprit décident seules du genre. *Si vous connaissez la chose , dites-la* , c'est à dire, *dites la chose.* Il n'y a aucun doute sur cette vue de mon esprit qui est que je désire que vous me donniez connaissance de cette chose ; mais si je dis au contraire, *si vous connaissez la chose, dites-le* ; il est certain alors que ce n'est plus la chose, qui m'importe à savoir, mais si le fait est que vous la sachiez, c'est donc ce fait qui m'intéresse et nom la chose en elle-même. Ainsi, *dites-le* , dans ce dernier exemple, signifie *dites le fait* auquel je tiens, qui est de savoir si vous connaissez la chose.

Nous avons déja dit que l'article est un véritable signe algébrique. En voici et l'exemple et la preuve. J'entends dire, en passant près de deux personnes qui s'entretiennent , *je la trouve charmante.* J'avoue que n'ayant aucune donnée sur la personne ou sur la chose à laquelle s'applique cette épithète de charmante, je ne puis savoir si elle convient à une femme, à une lettre, à une réponse, etc. Ce mot *la,* est pour moi une énigme complète et ne peut représenter à mon esprit, qu'un individu grammatical du genre féminin. C'est donc comme si j'avais entendu dire, je trouve x charmante ; et jusqu'à ce que j'aie pu dégager cet x du voile qui l'enveloppe , il demeure pour moi ce que les algébristes appellent une inconnue; mais si j'entends substituer à cet x, au mot *la*, un nom propre, ou particulier, je m'aperçois aussitôt qu'il est question de la musique d'un opéra, ou d'une demoiselle qui vient de passer, etc.; alors toute incertitude cesse, je sais que *la* était le nom abstrait, le signe algébrique de l'objet de la pensée de l'interlocuteur, je sais sur qui, ou sur quoi doit reposer cette faculté de charmer et cet objet de pensée clairement désigné n'est plus pour moi une *inconnue*.

Quoique l'article n'ait, comme on le voit, aucune signification par lui-même, autre que celle du genre et du nombre dans quelques langues, sa fonction réelle cependant, fonction bien déterminée, c'est d'annoncer un objet ou des objets de pensée, c'est-à-dire, un nom ou des noms substantifs; et comme il n'est rien qui ne puisse devenir objet de ma pensée, sa fonction est de transformer immédiatement un mot quelconque en nom substantif dès qu'il lui est préposé. Nous disons, *le blanc et le noir*, *le pourquoi et le comment*, *le boire et le manger*, etc., *les si*, *les mais*, *les car*, tous mots qui pris dans les catégories des adjectifs, des adverbes, des verbes et des conjonctions, se trouvent à l'instant métamorphosés en substantifs, ou noms d'objets de pensée. C'est donc un signe d'individualité grammaticale, et, si dans un grand nombre de langues, l'article a suivi les formes du substantif auquel il est accolé, et s'accorde avec lui en genres, en nombres et en cas, cela tient à l'usage, au caprice ou à l'étymologie des langues, ou enfin à un certain attrait pour la concordance et l'harmonie des distinctions grammaticales, qui analytiquement parlant, ne sont pas nécessaires. La langue anglaise n'a, comme nous l'avons dit, qu'un seul article, sans genres, sans nombres, sans cas, et il n'y a jamais confusion. Tel a été pendant quelque temps notre ancien article *li* ou *ly* qui suffisait aussi à tous les genres et à tous les nombres, comme le *the* anglais, et même on l'employait aussi comme pronom démonstratif, et il correspondait au *that* anglais ; mais le fréquent emploi de *le*, *la*, *les*, qui s'introduisirent peu après le fit abandonner, et se sont pour jamais fixés dans notre langue*.

---

* « Le langage ne commença proprement à changer que vers la fin « de la deuxième race de nos rois, après que l'empire fut séparé de la « maison de France. Ce fut vers ce temps-là, comme l'a remarqué « un de nos historiens, que le roman l'emporta tout-à-fait sur le *tu-* « *desque*, et qu'il devint la langue dominante, depuis la Meuse « jusqu'aux Alpes et aux Pyrénées. Le roman qui se répandit partout « prit alors une nouvelle forme : j'entends par cette forme nouvelle, « premièrement les articles, dont on n'usait point sous *Charles-le-* « *Chauve*, ainsi qu'il paraît par le serment de *Louis*, son frère, qui « doit être notre règle, en ce qui regarde le vieux roman, comme « étant la seule pièce qui nous soit demeurée. Outre *li*, qui se dit « d'abord, et que l'on fit servir aux deux genres et aux deux nom- « bres, on dit aussi *le*, *la*, *les*, suivant la différence du masculin, « du féminin, du singulier et du pluriel. Cela se voit dans le code « de *Guillaume-le-Conquérant*, qui est après le serment de *Louis*, « le plus ancien monument de notre langue, le seul titre de ce code « fait foi de ce que je dis : *Ce sont les loix et coutumes que li reys* « *William grantut à tut le peuple de Engleterre après la conquête* « *de la terre*, où vous voyez *le*, *la*, *les*, en usage aussi bien que *li*. »

Le roman l'emporta sur le tudesque par la fréquentation des Français avec les peuples d'Italie, dûe aux guerres de la France avec l'Italie et surtout aux croisades.

LES PRONOMS.

On a pensé que cette espèce de mots avait pour fonction de suppléer les *noms* qu'il eût été incommode ou inconvenant, pour la grace du discours, de répéter trop souvent. Je suis convaincu que ces mots que nous appelons *pronoms personnels*, par exemple, ont précédé, au contraire, dans toutes les langues, les noms propres, dont la fonction spéciale alors a été de déterminer, d'une manière plus précise, l'individu ou les individus parlants, ou à qui l'on parle, ou enfin de qui l'on parle. *Je* ou *moi* en français, et ses correspondants dans les différentes langues, *ego*, *I*, *ich*, *io*, etc., est certainement le nom abstrait de la personne qui parle : *tu*, *te* ou *toi*, etc., le nom abstrait de la personne à laquelle on parle : *il* ou *elle*, etc., le nom abstrait de la personne de qui l'on parle. Il en est de même pour les pluriels : *nous* est un nom abstrait, collectif, correspondant à une certaine quantité de *je* ou de *moi* réunis sous un seul signe vocal ; *vous* est aussi un nom abstrait indiquant une réunion ou une pluralité de *tu, te, toi*, ainsi de suite. Les *pronoms personnels* seraient donc de véritables *noms abstraits* existant par eux-mêmes et forcément dans le langage, et indépendamment de tous autres *noms propres*, que non-seulement ils ne sont point appelés à suppléer, mais auxquels ces noms propres sont appelés à servir d'auxiliaires en certains cas; et enfin, ce qui paraîtra peut-être un paradoxe, les noms propres ou appellatifs seraient, dans une foule de cas, insuffisants pour exprimer la pensée sans la puissance du prétendu pronom, et même à former une phrase intelligible et analytique; tandis que le *pronom*, dénué du secours des noms propres, pourrait tout exprimer et former un sens correct. Le *nom propre* n'est, dans le discours, que ce que les latins appelaient le *cognomen*, c'est-à-dire, qu'il sert à porter la vue de l'esprit sur un objet particulier que le pronom, en sa qualité de *nom asbtrait*, eût désigné d'une manière trop vague et trop étendue. Cette espèce de mots est donc aux noms propres, ce que l'article est à tous les noms d'objets ou substantifs, ils annoncent un individu ou une pluralité d'individus parlants, ou à qui l'on parle, ou de qui l'on parle. C'est pour cette raison que l'on écrit, sans avoir le choix de faire autrement : NOUS, *soussignés les échevins de la ville de Paris, déclarons*, etc.; JE *soussigné promets payer à*, etc.; NOUS, *par la grace de Dieu, Roi de France et de Navarre*, etc. Dans toutes ces formules ce sont les noms propres qui paraissent au bas de l'écrit, c'est-à-dire, les signatures qui déterminent quels sont les *nous* et le *je* qui parlent dans ces actes.

De plus, les noms particuliers sont si peu représentés par les *pronoms personnels* qu'il est impossible, dans quelque langue que ce soit, d'en substituer un au pronom personnel de la première personne; autrement, qu'il est impossible dans aucune langue de se passer de ce pronom personnel : ce qui devrait être s'il n'était que le représentant, le suppléant du nom, d'où lui vient cette dénomination de pronom.

Si dans la phrase suivante on voulait substituer le *nom propre* de la personne au nom abstrait *je*, il y aurait discordance complète, impossibilité de former une phrase régulière et intelligible. C'est *Pierre N.* qui parle et qui dit : *Je partirai demain de grand matin, je ne perdrai pas un moment en route, et j'arriverai de jour à Paris.* Si *je* n'est qu'un *pronom*, c'est-à-dire, le vice-gérant du *nom*, celui qui tient sa place et le représente uniquement, en remettant le nom à sa place, nous devons retrouver le même sens; mais il est, au contraire, évident que nous aurons une phrase ridicule et complètement ingrammaticale. *Pierre N. partirai demain.... Pierre N. ne perdrai pas un moment.... et Pierre N. arriverai,* etc., et que, pour la rendre régulière et intelligible, il faut emprunter le mot *moi,* suivant le style ordinaire des sousseings, ou supprimer le nom propre de la personne parlante, et qui n'est jamais dans la nécessité de se particulariser ainsi à chaque membre de phrase, et conséquemment restituer le véritable nom abstrait et général *je*. Ainsi on laisserait donc la phrase telle qu'elle était d'abord, ou bien, pour laisser subsister le nom de *Pierre N.* d'une manière légale et correcte, on dirait : Moi, *Pierre N. partirai*, etc.; moi, *Pierre N. ne m'arrêterai*, etc.; *et* moi, *Pierre N. arriverai*, etc.; d'où il est facile de conclure que toute la construction de la phrase repose sur le mot *moi* synonyme de *je* dans notre langue, et non sur le nom propre qui suit. Or, comme cette locution nécessaire dans les sousseings où plusieurs *moi* s'exprimant tour à tour, serait languissante et absurde dans la conversation habituelle où le nom particulier des interlocuteurs ne fait rien à l'affaire, il en résulte que la locution ordinaire *je partirai*, etc., *je ne perdrai pas*, etc., *et j'arriverai*, etc., est la plus simple et la plus analytique, la seule enfin dont on doive et dont on puisse faire usage en parlant. Et, pour en revenir à la formule des sousseings, le nom propre n'y accompagne nécessairement le *moi* ou le *je* qui parle que comme auxiliaire indispensable pour en restreindre le sens vague et général, à la seule personne que le nom indique. Il en est de même au pluriel. La cacophonie et la confusion seraient bien pires s'il se fût agi de ce pluriel *nous*, qui suppose une pluralité indéfinie de personnages, et quand le temps et la mémoire suffiraient à répéter une nomenclature de 10, 20, ou peut-être 60 personnes ; et, au-delà, la phrase n'en serait pas moins grammaticalement absurde.

On peut en dire autant de la 2e personne du singulier et du pluriel qui offriraient la même discordance.

Ainsi donc il me paraît démontré jusqu'à l'évidence que la première et la seconde personne du singulier, la première et la seconde personne du pluriel, ne sont, ni ne peuvent être des *pronoms*, dans le sens que les grammairiens l'ont entendu, et dont l'étymologie de ce mot fait foi ; c'est-à-dire, que dans aucun cas, ils ne sont mis à la place du nom pour le représenter ou en éviter la répétition. Ce sont donc réellement *des noms abstraits* applicables à toute personne ou personnes parlantes, à toute personne ou personnes à qui l'on parle.

Une remarque qui tient à l'analogie et à la nature même du langage ou de l'esprit humain, trouve naturellement ici sa place, c'est que les premières personnes du singulier et du pluriel peuvent être régime l'une de l'autre, il en est de même des secondes personnes; ainsi l'on dit en français et dans tous les idiomes , *je me plais , nous nous chérissons ; tu te plais , vous vous chérissez ;* mais la première personne du singulier ne pourrait avoir pour régime celle du pluriel *et vice versa.* Il en serait de même des secondes. On ne peut donc dire dans aucune langue : *je nous plais , nous me chérissons : tu vous plais , vous te chérissez.* L'absurdité est manifeste, et tient à l'impossibilité d'être à la fois agent et patient sous deux natures différentes, *l'unité et la pluralité.*

Je ne concevrais donc pas ce qui aurait pu entraîner les grammairiens, dans une pareille erreur, si je ne croyais en apercevoir la raison ou plutôt la cause dans l'emploi habituel de *il, elle, ils, elles*, etc., et leurs représentants dans les autres langues : c'est-à-dire, dans le fréquent usage que les peuples sont obligés de faire de la troisième personne au singulier comme au pluriel, tant au masculin, qu'au féminin, et au neutre pour les langues qui l'admettent. C'est en effet pour cette ou pour ces troisièmes personnes que l'on a pu tomber dans l'erreur bien naturelle de les prendre pour des pronoms. *Duclos* est je crois le seul qui ait aperçu ou plutôt entrevu cette différence : mais il paraît avoir reculé devant la difficulté. Voyez les notes sur la grammaire générale et raisonnée. Il est certain que l'absence du nom propre ou d'un substantif quelconque eût laissé l'auditeur dans l'impossibilité complète de savoir quelle est la personne ou l'objet dont il est question, et qu'on est forcé de le désigner positivement ; mais aussi, cela fait, on évite autant qu'on peut de le répéter, et *le nom abstrait* et général suffit. L'interlocuteur se trouve donc placé entre deux inconvénients, celui de ne pas faire comprendre quel est l'individu grammatical dont il parle, ou celui d'en répéter le nom jusqu'à satiété. L'esprit humain a donc en ceci suivi la seule marche convenable, celle d'indiquer positivement l'objet de la pensée, et de faire usage ensuite du signe ou *nom abstrait* algébrique, et enfin de ne répéter le nom concert qu'autant que la nécessité, l'euphonie, ou l'élégance de la diction peuvent l'indiquer : ce qui devient alors une affaire de tact et de sentiment. Les démonstratifs, ainsi que leur nom le comporte, ne diffèrent de ceux-ci, qu'en ce que l'objet de la pensée est désigné comme présent, et communément ils entraînent le geste indicateur, *ce clocher*, *ce chemin*, *cette voiture*, etc. ; le plus souvent cependant ils ont rapport à l'objet déja désigné, et ainsi présent à la fois, à l'esprit de celui qui parle et de ceux qui écoutent. Il est remarquable cependant que le *samscrit*, cette langue si méthodique, manque de pronom, chez elle l'article lui-même fait la fonction du démonstratif.

Mais ces mots, *il*, *elle*, *ils*, *elles*, *er*, *sie*, *es*, etc., *he*, *she*, *it*, etc., n'en sont pas moins les noms abstraits et généraux des personnes ou des choses présentes à la pensée de celui qui parle; de même que nous l'avons vu pour *je et nous*, *tu et vous*, avec cette différence cependant que les premières personnes et les secondes se croient assez en évidence pour n'avoir pas besoin de se désigner par un nom particulier, ni même par un genre, au lieu qu'à la troisième on s'expose à l'inconvénient de n'être pas compris, si l'on ne restreint pas le sens trop général et trop vague du *nom abstrait*, par un nom particulier, qui puisse fixer l'idée sur un objet déterminé. Les gens qui se parlent sont en présence; mais les objets dont on parle peuvent être à plusieurs milliers de lieues. *Il* et *elle*, *ils* et *elles* sont donc à la troisième personne des temps du verbe, ce que *le*, *la*, *les*, sont au substantif, signe d'individualité ou de pluralité d'individus.

Je crois donc pouvoir conclure que jamais dénomination ne fut plus fautive que celle de *Pronom*, qu'il n'existe que des *noms abstraits* de personnes et de choses dont on est souvent obligé de
restreindre le sens trop général par l'application
d'un nom particulier et spécial, pour éviter les
méprises et la confusion : et c'est pour cette raison
que j'ai cru devoir ranger ces mots, dans la première classe *des objets*.

Les mots auxquels on a donné le nom de *pronom possessif* me paraissent encore moins pronoms
que ceux dont nous venons de parler. Ce sont
toujours de véritables adjectifs, et par conséquent
toujours employés sans le concours de l'article, à
l'exception cependant dans notre langue de *le tien*,
le mien, *le sien*, *le nôtre*, *le vôtre*, *le leur*, qui jadis
s'employaient adjectivement et qui prennent actuellement la forme de substantifs, comme l'indique la présence de l'article auxquels ils doivent
cette métamorphose. Il est facile de reconnaître
dans cette métamorphose l'ellipse qui y a donné

lieu et qui cause cette anomalie apparente. Les ellipses sont des accidents dans les langues qui font souvent le désespoir des grammairiens méta-physiciens, et dont le commun de ceux qui s'en servent sont loin de se douter. C'est la tendance naturelle de tous les idiomes, et leur multiplicité atteste presque toujours l'antiquité de la langue. Ces prétendus pronoms possessifs que je désigne-rais plutôt sous le nom *d'adjectifs* ou *qualificatifs possessifs*, sont ce que les grammairiens appellent des génitifs, contractés avec l'article : *mon* veut dire, *le... de moi* ; *ton... le de toi*, etc.; *mon cha-peau, le chapeau de moi* ; *ton cheval, le cheval de toi*, etc.; cela se voit plus clairement encore dans le pronom anglais *his*, qui répond à notre mot *son*. Le mot anglais he (qui se prononce hi) veut dire *le* ou *lui*. L's est dans cette langue la marque ou l'an-notation qui indique le génitif, qui d'ailleurs n'a pas d'autres cas ; ainsi le génitif de he, est *he's* qui se prononce *his* et que l'on a fini par écrire comme il se prononce, de sorte que l'oreille a conservé une étymologie qui n'existe plus pour les yeux. *It's , her's, your's our's,* confirment cette règle.

Les *pronoms relatifs* sont plus difficiles à analyser, et le rôle qu'ils jouent dans le langage moins facile à expliquer. En général on peut dire que ce sont des composés ou des contractions de la *particule et,* et d'un *pronom personnel il, elle, ils, elles, eux,* etc. , du moins dans notre langue et dans toutes celles qui ont hérité ces mots du latin, dans lequel ces contractions ou cette fusion des deux mots en un seul, est encore facile à discerner. *Quis, quæ, quid,* est la contraction de *que* synonyme de *et ,* avec le pronom *is , ea , id : que-is , que-ea , que-id,* aggrégation confirmée par quelques cas suivants ; *cujus,* contracté de *que-ejus :* *cui,* de *que-ei : quem, quam,* contractés de *que-eum, que-eam,* etc. ; de même au pluriel. On objectera, sans doute, à cette opinion que si dans quelqu'une de nos phrases habituelles, nous voulions substituer *et il, et elle,* etc. , au relatif *qui,* le résultat ne serait pas de même et serait à peine intelligible. A cela je répondrai que les vues de l'esprit dans la formation des langues ne sont pas aussi nettement exprimées que dans leur perfection : que les intentions se sont redressées à mesure, et qu'on a fini, dans la langue latine, ainsi que nous le faisons dans la nôtre, par attacher à ces pronoms un sens beaucoup plus positif, des intentions plus fines, plus rationnelles, plus logiques.

Semblables à ces instruments qui se perfectionnent par l'usage, ces relatifs bornés dans leur principe étymologique à la troisième personne, ont été subséquemment employés comme relatifs des premières et des secondes. On dit également, *ego qui audio*, *tu qui audis*, *ille qui audit*, etc.; ce redressement des premières vues de l'esprit et ces déviations du sens étymologique sont très communs dans les langues. Je me bornerai à un seul exemple qui doit suffire pour me faire comprendre. Le mot français *mais*, que nous avons tiré du latin *magis* et un peu défiguré par notre prononciation, signifiait originairement *plus*, ou *de plus ;* quel est celui qui en employant actuellement cette conjonction pense à ajouter simplement quelque chose à ce qu'il dit, et n'a pas en vue de présenter une objection, une opposition à ce qui vient d'être énoncé? N'est-ce pas même cette fonction habituelle qui lui a valu de la part des grammairiens, la qualification *d'adversative ?*

Ces relatifs, comme l'indique leur origine, ne sont donc que des *liens,* des signes d'union entre le sujet et le verbe auquel il doit se rapporter et être lié. Ce sont réellement des *conjonctions,* unies à des *noms abstraits,* sous la forme *adjective,* ce qui les a rendus déclinables dans toutes les langues, où les adjectifs le sont. Elles ont conservé de cette double nature de lier et de réunir comme conjonctions, et de suivre comme *noms,* les concordances grammaticales de chaque langue. Or, cette faculté conjonctive ne trouve d'emploi que dans les propositions incidentes. S'il s'agissait de dire simplement en latin, *j'écoute,* je dirais *ego audio,* ou simplement *audio,* puisqu'*ego* est toujours sous-entendu ; mais si je ne parle de cette circonstance que d'une manière incidente, et que je veuille faire entendre que par cet acte *je comprends vos paroles*, je dirai : *Ego qui audio, verba tua intelligo : moi qui écoute, je comprends vos paroles.* Ainsi le sujet de la proposition n'est pas simplement le nominatif *ego*, comme dans *ego audio*; mais *ego qui audio* tout entier, tout d'une pièce; comme si *ego* et *audio* ne formaient plus qu'un par le lien *qui* qui les unit.

Cette espèce de mots ne devait donc, en aucune manière, être qualifiée de *pronoms*. Elle fait partie, à la rigueur, des mots à double nature, c'est-à-dire contractés d'un signe de rapport et d'un nom, et nous verrons, en traitant de l'adverbe, que ce mot est dans un cas semblable. Néanmoins j'ai cru devoir ranger les relatifs dans la classe des *noms*, nonobstant ce qu'ils peuvent tenir de celle des rapports, vu la forme déclinable qu'ils affectent dans beaucoup de langues et leur forme adjective dans toutes; et qu'enfin dans cette double nature qui les caractérise, l'une est très apparente et l'autre l'est fort peu.

Si l'on m'objectait que cette analyse des relatifs qui paraît probable pour la langue latine ne conclut rien pour les deux autres langues, je répondrai que, bien qu'aucune trace de cette analyse ne puisse se laisser apercevoir dans telle ou telle langue, nous ne devons pas hésiter néanmoins à l'admettre ; car si l'analyse ou la décomposition métaphysique d'un mot est bien certaine pour une langue, elle l'est pour toutes. L'analogie des langues, fondée sur la nature même de l'esprit humain, nous fait une loi de penser que les fonctions semblables des mots indiquent une nature semblable.

Je ne crois point devoir entrer ici dans les détails que nécessiterait le *que* français ; mot bizarre qui joue tant de rôles différents dans cette langue. Il y est souvent synonyme de *lequel, laquelle, lesquelles*, etc.; souvent aussi de *combien*, plus souvent encore il est l'équivalent de *cela*, du *das* des Allemands, du *that* des Anglais, enfin du *quod* des

Latins, dont il est dérivé; à l'exception cependant que les Latins le sous-entendaient presque toujours et que nous l'employons constamment. Les Anglais, à cet égard, ont adopté les deux manières; ils l'expriment ou le sous-entendent à volonté. *I say that you are not right;* ou bien, *I say you are not right,* se disent également.

Au reste ces deux mots français *que* et *qui* sont la source des plus grandes difficultés de notre langue. Comme ils n'ont ni nombres ni genres, il s'ensuit la nécessité de distinguer, pour les concordances grammaticales, les genres et les nombres des participes auxquels ils se rapportent, sous peine de confusion dans certains cas. On aurait pu dire en français : *La lettre que j'ai écrit,* tout aussi bien que *la lettre que j'ai écrite; la femme que j'ai vu,* tout aussi bien que *la femme que j'ai vue,* de la même manière que l'on dit en anglais : *The letter I have written; the woman I have seen,* etc. Mais si nous devons écrire : *La fille du prince qui s'est tué,* il sera clair que c'est le prince qui s'est tué; tandis que si c'est, au contraire, la fille du prince qui s'est donné la mort, nous sommes forcés d'écrire *qui s'est tuée*, alors il n'y aura plus d'incertitude. La langue anglaise n'éprouverait pas le même embarras, grace à l'heureux mécanisme de ses genres. Elle rendrait ainsi deux versions, *the daugther of the prince who killed himself*, ou *the prince's daughter who killed herself*. Enfin il faut écrire : *La sœur de votre ami que j'ai rencontré* ou *que j'ai rencontrée*, suivant qu'on a en vue *l'ami* ou *la sœur*, etc. L'anglais élude cette difficulté par la forme des génitifs *your sister's friend whom I met*, etc., *your friend's sister, whom I met*.

Concluons que si les mots *que* et *qui* d'une part, et *se* et *soi* de l'autre, étaient susceptibles, en français, de genres et de nombres, toutes les difficultés de cette nature que les trois-quarts des gens du monde ne comprennent pas, et sur lesquelles les écrivains eux-mêmes ne sont pas toujours d'accord, disparaîtraient aussitôt. Concluons enfin que ce que les plus illustres grammairiens avaient pressenti et même avancé formellement, tels que *Sanctius, Buffier, Fréron, Beauzé, Duclos,* relativement aux pronoms, est fondé en raison et conforme à la plus saine métaphysique. Tous les mots indistinctement compris sous cette dénomination sont ou des *noms abstraits* et généraux ou des *signes* d'union et de rapports, soit logiques, soit purement syntactiques sous forme adjective, ce qui a dû me les faire ranger dans la classe générale des *noms.*

DU VERBE.

Nous avons, je crois, suffisamment établi et reconnu, dans le premier chapitre de cet ouvrage, l'importance ou plutôt la dignité des fonctions du *verbe,* puisque dans le discours ce mot est le principal agent de l'intelligence humaine, qui, passive dans tout le reste, ne se montre active ou créatrice que dans le *verbe;* et si cette essence divine qui la place dans une région si supérieure aux animaux, cette céleste émanation, ce rayon de la pensée, si l'ame enfin avait encore besoin de se prouver son existence, le verbe seul en deviendrait aux yeux du métaphysicien une manifeste révélation.

Il me paraît donc superflu de revenir ici sur une nouvelle explication de la nature de ce mot; mais nous devons entrer dans quelques détails sur ses fonctions et ses différentes phases.

MM. de Port-Royal ont déja établi avec beaucoup de vérité et de discernement, que dans quelque langue que ce soit, il n'existe en réalité qu'un seul verbe, le verbe *être*, qu'ils ont nommé *le verbe substantif*; et que tous les autres verbes qu'ils nomment *verbes adjectifs* sont des composés de ce même verbe avec un nom substantif; que par conséquent tout verbe adjectif fournit à l'analyse un nom lié au verbe *être*, qui, par cette intime union, lui communique sa faculté vivifiante. Ainsi *aimer*, *marcher*, *danser*, etc., c'est *être en amour*, *être en marche*, *être en danse*, etc. Nous n'entrerons pas dans de plus longs développements sur une chose que personne ne conteste actuellement.

(159)

Si la nature du *verbe* a été bien philosophique-
ment saisie par MM. de *Port-Royal*, ce mot est
néanmoins chargé de tant de fonctions grammaticales dans la plupart des langues que la définition
complète n'en est pas moins à faire. Beaucoup de
grammairiens s'y étaient exercés avant eux ; mais
la grammaire générale et raisonnée, après avoir
clairement démontré l'insuffisance de celles d'*Aristote*, de *Busctorf*, de *Scaliger*, etc., s'en est tenue
à celle-ci : *Vox significans affirmationem, cum designatione personnæ, temporis et numeri. Un mot
qui signifie l'affirmation, avec désignation de personne, de tems et de nombre.*

La première partie de cette définition porte sur la
nature même du *verbe*, la seconde sur ses attributions
concomittantes. Effectivement les personnes, les
temps et les nombres forment le cortège habituel
de ce mot ; mais la totalité de ces attributions ne
lui est pas indispensable : car il peut perdre successivement, les personnes et par conséquent le
nombre, l'affirmation même, et ne rester qu'avec

le seul attribut du *temps* sans cesser d'être verbe, mais du moment qu'il l'abandonne il retombe dans la classe des *noms* soit substantifs, ce sont les infinitifs ; soit qualificatifs, ce sont les participes *.

Je regarde donc la définition de Port - Royal comme la meilleure et la plus analytique qui ait été donnée jusqu'à ce jour, ou du moins dont j'aie eu connaissance. Cependant d'après les idées que j'ai énoncées plus haut, j'aurais la témérité d'y ajouter quelque chose. Je dirais par opposition aux deux grandes classes des noms et des rapports, dans lesquelles l'intelligence est purement passive, soit avec, soit sans le concours de la volonté, c'est-à-dire *passive* ou *attentive*, je dirais donc que le verbe

---

* On sera peut-être curieux de trouver la définition du *verbe* telle que la donne l'Encyclopédie : « C'est un mot qui présente à l'esprit « un être indéterminé, désigné seulement par l'idée générale de « l'existence, sous une relation à une modification. » Je ne sais jusqu'à quel point cette définition peut paraître juste, mais j'ai la conviction que, si cette phrase était présentée isolément à la manière d'une énigme, personne n'en devine le mot. En la rapprochant de celle de *Lancelot*, à quoi pourrait-on reconnaître qu'il est question du même objet ?

étant le mot de *l'intelligence active*, mot dont la fonction est d'affirmer ou de manifester un jugement avec les circonstances concomittantes de personne, de temps et de nombre, pourrait être défini : *vox intelligentiæ activæ affirmans judicium, cum designatione personnæ, temporis et numeri.* Ces deux grandes classes de mots ne sont effectivement que des perceptions, ce sont des matériaux épars recueillis par l'esprit qui les place à sa volonté dans les bassins de sa balance mentale. On doit remarquer en outre que le temps, ou les temps dont il est ici question se partagent en temps réels et en temps hypothétiques ; car les subjonctifs, les optatifs, les potentiels, etc., nous supposent toujours transportés dans un ordre de choses purement hypothétique : mais ces temps, quoique imaginaires, n'en sont pas moins réels pour la grammaire, qui, je le répète, ne s'occupe jamais de la réalité des choses, mais des formes grammaticales.

Le verbe adjectif a de plus que le verbe substantif de renfermer en lui-même l'attribut de la proposition. *Petrus amat : Petrus est amans. Pierre aime : Pierre est aimant. Pierre* est le sujet, *aimant* l'attribut.

Les nombres et les personnes ne présentent d'autre difficulté dans le verbe que celle qui résulte d'un certain effort de la mémoire, chargée de retenir toutes les désinences et les annotations correspondantes. En un mot, les conjugaisons n'exigent aucun effort d'intelligence pour être comprises, la mémoire seule en est plus ou moins surchargée. Mais il n'en est pas ainsi des *temps* et des *modes :* car quelque soin qu'aient apporté les grammairiens à expliquer et à mettre de l'ordre dans ces conceptions abstraites, la difficulté qu'éprouvent les enfants, et même ceux qui ne le sont plus, à les bien classer dans leur esprit, m'a fait penser qu'il pourrait exister quelque méthode plus analytique, quelque manière plus simple d'envisager ces matières et de les présenter à ceux qui désirent les connaître et les étudier.

Tout le monde convient, sans doute, que le

temps ne se présente à nous que sous trois formes : l'instant où nous sommes, qui est toujours pour nous le *présent* ; la foule des instants qui l'ont précédé et qui forment la masse du *passé* ; enfin, celle des instants qui doivent succéder au présent et qui est pour nous l'*avenir* ou *futur*. Cette division triviaire doit donc être la base de la divison des temps du verbe, dans quelque langue que ce soit. C'est aussi celle que les grammairiens ont adoptée de tout temps. Mais les langues n'ont pas toutes été formées sur le même modèle. Celui qui n'en parle qu'une s'imagine volontiers que toutes les autres sont semblables à la sienne, et ne soupçonne même pas que l'esprit puisse jeter sa pensée dans d'autres moules, puisse concevoir et adopter des formes différentes de celles qu'il emploie. Le présent n'étant pour nous qu'un instant indivisible, n'admet de distinctions dans aucune langue. *Je suis, je cours, je mange*, etc., sont des choses qui ont lieu à l'instant même où on les énonce ; il n'y a aucune nuance de temps à observer dans un espace aussi circonscrit. Mais, dans l'innombrable quantité des instants écoulés avant celui où je parle, c'est-à-dire dans le *passé*, il peut exister une foule d'époques différentes : car, dans le discours, le *passé* n'est pas borné à notre seule existence; tous les siècles antérieurs nous appartiennent et même tous ceux que nous voudrions supposer. Les hommes ont donc pu diviser cet immense espace en époques plus anciennes et en époques plus récentes, et affecter au langage, c'est-à-dire au verbe, des annotations correspondantes; c'est ce que l'on remarque dans quelques langues, et celles qui n'ont pas eu recours à ce luxe de conjugaisons, ont recours à des périphrases qui expriment les mêmes nuances. On conçoit aussi que l'*avenir*, c'est-à-dire ce qu'on appelle en grammaire le *futur*, est susceptible des mêmes distinctions, et qu'on a pu désigner par des temps du verbe des divisions ou des époques plus éloignées dans l'avenir ou plus rapprochées.

La manière la plus naturelle et la plus simple

de considérer le temps, en général, est de regarder le temps *présent* comme existant au moment même où l'on parle; le *passé*, comme antérieur à ce temps; le *futur*, comme devant certainement lui succéder. Mais il s'en faut que les besoins du langage, qui doit être la fidèle représentation de la pensée, soient satisfaits d'une aussi simple division du temps; et les hommes dans toutes les langues ont senti la nécessité de faire connaître les différentes vues de leur esprit et les diverses situations de leur ame, soit par l'artifice de nombreuses désinences, soit par le secours de quelques mots étrangers au verbe et verbes eux-mêmes, que par cette raison ils ont nommés *auxiliaires*.

Cette première manière simple et naturelle d'envisager et de diviser le temps en *passé* réel, *présent* positif et *avenir* certain, ce qui constitue un *mode* réel ou positif de voir les choses, ne suffit donc pas à l'être qui non-seulement voit et jouit du monde qui l'entoure, mais qui voit et jouit d'un monde intellectuel, qui désire, qui suppose, qui soumet ses idées à des chances plus ou moins probables, et cela également dans le passé, le présent ou le futur. Il a donc fallu que les langues, en se perfectionnant, adoptassent des formes variables correspondant à toutes ces nuances, à toutes ces situations de l'esprit ou de l'ame, et c'est ce qui constitue la variété des *modes* inventés par les grammairiens ; modes qui éprouvent quelques légères altérations dans les différentes langues, mais dont le fond est toujours le même, puisqu'il s'agit de répondre aux mêmes besoins du langage.

Ce sont ces *modes* qui, je pense, ont été confusément compris et indiqués jusqu'à ce moment, et que je vais essayer de classer d'une manière plus facile à saisir ; car on ne doit jamais perdre de vue que tout le rôle du grammairien se borne à classer et surtout à bien classer ; mais qu'il ne peut rien inventer.

Supposons donc un tableau des temps ou cadre présentant la division du *passé*, du *présent* et du *futur,* en trois colonnes séparées. Celles du passé et du futur ont en outre une subdivision qu'admettent certaines langues, pour désigner un passé plus ancien ou plus récent, de même qu'un futur plus rapproché ou plus éloigné. Mais l'indivisible présent n'en comporte aucune. Je placerai dans ce cadre tous les modes possibles du verbe et je choisirai d'abord le verbe substantif ou verbe *élémentaire,* pour donner une idée nette de la manière dont je conçois les temps et les modes, et en général, dont on peut présenter les conjugaisons.

Le tableau n° I offre d'abord le premier mode, qui se trouve faire partie de ce que les grammaires appellent *l'indicatif :* mot qui me paraît vide de sens, comme analytique, et qui certainement n'indique rien. J'ai cru devoir, dans ce premier tableau, ainsi que dans les suivants, prendre pour la colonne du présent une époque fixe, afin de me faire plus facilement comprendre. J'ai choisi l'année 1808, et j'ai lié en même temps chacun des temps de ce verbe par une phrase qui comporte les gradations nécessaires du *passé*, du *présent* et du *futur*, et qui servira d'exemple depuis le commencement jusqu'à la fin de la conjugaison du verbe *élémentaire*.

Comme il n'y a rien que de positif dans cette manière de s'exprimer et d'envisager les différentes époques *passées*, *présentes* et *futures*, j'en ai fait un mode à part auquel je donne le nom de *mode positif* : *Je suis* colonel en 1808, etc.

On peut se figurer actuellement que quelque temps, quelques années après celle où j'ai fait cette phrase, je me reporte en esprit à cette époque fixe de 1808, et que pour tout le temps que durera cette supposition je la considère comme le temps présent de ce mode, ou manière d'envisager les choses ; de sorte qu'en répétant la même phrase, dans ce nouvel ordre de choses, je m'exprime ainsi : Vous rappelez-vous que je vous disais, en 1808, que *j'étais* colonel, etc.

Cette indispensable condition de me reporter mentalement à une époque antérieure pour y reproduire des choses positives, m'a engagé à donner à ce mode le nom de *mode positif antérieur*.

Or, si un effort de mon imagination peut me reporter en arrière et me faire regarder comme présentes les choses qui se sont passées ou qui ont été dites antérieurement, on conçoit que l'esprit était capable d'un effort semblable pour l'avenir et aurait pu former un mode postérieur, comme un mode antérieur. Néanmoins les hommes ne l'ont pas fait, c'est-à-dire les langues n'en offrent pas d'exemples : ce qui s'explique facilement par le peu de besoin qu'on en aurait eu; car il est bien plus rare de trouver des gens dont l'imagination s'élance vers l'avenir et semble y vivre déja, que de ceux dont la mémoire les entraîne et les reporte vers le passé. Cependant on peut citer des exemples, non de ce mode qui n'existe pas, mais de la manière d'y suppléer et de la possibilité d'en créer un, si le besoin s'en faisait sentir plus fréquemment.

Je dirai : J'étais là, telle chose m'avint, etc.

La Font. Fable des deux Pigeons.

Je dirai témoigne clairement que l'interlocuteur s'est déja élancé dans l'avenir : *j'étais là : telle chose m'avint;* sont des évènemens qui bien que devant être racontés dans la suite des temps, sont déjà passés relativement à l'époque où *il dira*, laquelle époque serait le présent du *mode positif postérieur*, s'il existait. Le même auteur nous en fournit un autre exemple dans *Perrette et le pot au lait.*

Il était, quand je l'eus, de grosseur raisonnable, etc.

Si ensuite mon imagination veut se créer un ordre de choses purement hypothétique, ou soumis à des causes qui peuvent être ou ne pas être, et qui en général serait le résultat de causes indépendantes de mon pouvoir, je rangerai alors tous les temps connus correspondant à cette nouvelle manière d'envisager les choses, c'est-à-dire, à ce nouveau mode, dans les trois divisions des temps, tels que les présente le tableau n° III, et j'y appliquerai la même phrase déja citée. Mais ici, il sera facile de remarquer que notre verbe *être* n'est plus aussi complet dans ses subdivisions du passé et et même du futur, et que le verbe *devoir* lui prête ici son secours pour suppléer à un temps qui manque. Au reste par une fatalité singulière, mais qu'on pourrait très bien expliquer, le verbe *substantif* ou *élémentaire* est, dans toutes les langues, précisément un des plus irréguliers et des plus incomplets. Je proposerais de donner à ce mode le nom *d'hypothétique*, par opposition à celui *de positif*, donné au premier : Il ne croit pas que *je sois* colonel en 1808, etc.

Si, rétrogradant dans le passé par une conception semblable à celle qui du 1er *mode positif* nous a conduit au *mode positif antérieur*, mon esprit se reporte à l'époque même où il s'est créé cet ordre de choses hypothétique, pour les représenter de nouveau et répéter la même phrase, en conservant la gradation des temps entr'eux, j'en obtiendrai un nouvel ordre hypothétique antérieur, ou simplement un *mode hypothétique antérieur*, tel qu'on peut le voir au tableau n° IV : Il ne croyait pas que *je fusse* colonel en 1808, etc. Où l'on remarquera que le présent de ce mode, quoique passé réellement au moment où je parle, est cependent bien le présent qui existait à l'époque à laquelle mon esprit se reporte.

Enfin on peut en conclure que chaque *mode* présente toujours un ensemble complet, jusqu'ici, de *passé*, de *présent* et de *futur*, et que le présent de chacun de ces modes est toujours, soit l'époque où se l'on se trouve, soit celle à laquelle on se reporte en imagination.

Les quatre modes ci-dessus comprennent tous les temps des verbes dans presque toutes les langues, à l'exception cependant des deux autres modes dont nous allons nous occuper tout à l'heure, mais dont la contexture, soit pour le temps, soit pour les personnes, subit quelque changement. La langue grecque néanmoins admet dans ses conjugaisons un mode qui lui est particulier et par lequel l'ame se renferme entièrement dans un ordre de choses à part, uniquement consacré à ses vœux, à ses désirs, et que pour cette raison ils ont nommé *optatif*, désignation parfaitement conforme à l'analyse et à la métaphysique du langage. Les autres langues n'ont point adopté ce mode, elles y suppléent toutes par ce qu'on appelle habituellement le subjonctif ou le potentiel, et que nous comprenons ici sous le nom de *mode hypothétique*.

Les grammairiens ont en outre distingué avec raison, un autre mode par lequel on se place vis-à-vis de ceux auxquels on s'adresse dans une situation de supériorité et de commandement impérieux, et c'est très justement qu'ils ont donné à ce mode le nom d'*impératif*; mais en réfléchissant à la nature de ce mode, il est évident qu'il ne peut remplir les trois divisions du temps. Comme on ne peut plus disposer du passé, on ne peut ordonner qu'une chose y ait été faite ; mais comme le présent nous appartient, il est tout naturel que ce mode s'exerce habituellement dans cette division du temps.

On m'objectera, sans doute, l'impératif grec, qui non-seulement admet un passé, mais même un passé indéfini, ou aoriste : fait qui contrarie ou plutôt qui semble détruire cette théorie. Mais je crois cette objection plus spécieuse que solide. Les gens doués d'une imagination vive ne se montrent jamais plus prompts et plus ardents que dans leurs désirs, et conséquemment dans les ordres qu'ils intiment. Or, les Grecs toujours vifs et passionnés, redoutant et souffrant impatiemment les délais ou les retards dans l'accomplissement de leurs ordres, employaient le passé pour témoigner, *au figuré*, avec quelle promptitude ils désiraient être obéis ou exaucés, donnant ainsi à entendre qu'ils prétendaient que la chose fût exécutée plus tôt que l'ordre n'en pouvait être proféré, ou même qu'elle eût l'air de l'être déja depuis long-temps : *dicto ci-*

tius. Les passés et les aoristes ne sont donc chez eux que des *hyperboles*, pour donner plus de rapidité à l'acte et d'énergie au commandement ; mais, en réalité, ce sont toujours de véritables présents de l'impératif, sous forme de passés.

Lorsque *Jésus* dit à *Lazare : Anastheti*, il lui ordonne d'être debout à l'instant même ; mais avec si peu de délai, qu'il ait exécuté son ordre avant que ce simple mot ait eu le temps d'être prononcé, qu'ainsi l'exécution ait eu l'air de précéder l'ordre et d'être alors déja un passé. Car il eût été contre toute espèce de raison d'ordonner à Lazare mort et couché d'avoir été depuis un temps quelconque debout, et vivant par conséquent ; car, s'il l'eût été, il n'y aurait eu aucun motif pour lui dire : *Anastheti*. Ainsi ces passés et ces aoristes ne pourraient représenter tout au plus en temps que celui qui peut s'écouler entre la première et la dernière syllabe d'un impératif. Ce ne sont donc que des manières de parler figurées et hyperboliques, fruit de l'imagination vive de ces peuples.

Quelque puissance ou quelque autorité que vous puissiez posséder en effet sur un autre individu mourant de faim, vous auriez beau lui dire et lui répéter : *Aie mangé,* vous ne le sauveriez jamais d'une mort certaine; mais si, en lui présentant des aliments, vous lui dites : *Mange,* vous vous trouverez en harmonie avec ses besoins et avec la nature des choses qui vous permet de disposer du présent et non du passé, ordre de temps dans lequel vous ne pouvez plus commander.

J'ai cru devoir entrer dans quelque explication sur l'existence de ces deux temps au mode impératif, et qui est particulière à la langue grecque; 1° pour démontrer qu'ils n'infirment pas le principe que j'ai établi sur la nature de ce mode; 2° pour faire remarquer combien peu les grammairiens me paraissent s'être occupés de la véritable analyse du langage, puisqu'aucun n'a paru embarrassé, ni même étonné de l'existence de deux temps passés dans un mode qui cependant ne peut admettre de passé.

Mais si, par sa nature, l'impératif repousse toute espèce de prétérit et d'aoriste, il n'en est pas de même du futur. On conçoit que l'avenir étant en quelque sorte à notre disposition, nous pouvons fictivement en disposer, pour ainsi dire, jusqu'au point d'y commander et d'y étendre notre autorité. C'est aussi ce qui arrive fréquemment; mais pour cela, presque toutes les langues ont recours au simple futur de l'indicatif, qui est ici compris dans le tableau n° I du *mode positif.*

L'impératif, en français ainsi que dans presque toutes les langues, se borne au simple temps présent; et encore en excepte-t-on la première personne qui ne se dit jamais; vu, sans doute, que la volonté toujours plus rapide que la parole la rendrait inutile pour celui qui la ressent. Le Vᵉ tableau offre ce mode, dépouillé des temps passés et des temps futurs.

J'ai dit tout à l'heure qu'il était cependant facile de concevoir que ce *mode impératif* pût néanmoins avoir aussi son futur, autre que celui du *mode po-*

sitif. Je crois que la langue anglaise nous l'offre réellement, et que c'est faute d'y avoir fait attention, ou plutôt par l'habitude et la routine qu'ont suivies les grammairiens anglais en se conformant aux autres grammaires, qu'ils ont rangé leurs deux futurs dans *le mode indicatif ou positif*. L'un de ces deux futurs me paraît appartenir bien plutôt au mode impératif : car on sait que toute chose future probable ou à laquelle on est simplement disposé, prend au futur de l'indicatif l'auxiliaire *will* ; mais que tout ordre formel s'exprime au contraire par le signe auxiliaire *shall*. Il y a plus, toute chose qui paraît devoir être dans la suite le résultat immédiat d'une nécessité absolue, se rend au même futur : ce qui rentre tout-à-fait dans la métaphysique des langues ; car quoi de plus impérieux ou de plus impératif que la *nécessité?* C'est ce qui fait, sans doute, que la première personne n'est point supprimée à ce futur, comme elle l'est au présent. Par la raison que si la parole au présent est toujours postérieure à l'acte de la volonté, il

n'en est pas de même au futur qui doit nécessairement laisser un long intervalle entre la parole et
l'action. Cette parole alors est motivée et sert à
annoncer l'action future.

De tous les modes, le plus difficile à bien comprendre, est celui que les grammaires désignent
sous le nom d'*infinitif*, et que je croirais plus convenable de nommer *indéfini* ou *mode vague*; car
certainement la signification du verbe à ce mode
est plutôt *indéterminée* et *indéfinie* qu'*infinie*.

Pour se faire une idée juste de la nature du
verbe dans ce mode vague et indéterminé, il faut
voir à quoi tient ce caractère particulier; et l'on
verra que si jusqu'ici le verbe n'a marché qu'en-
touré des temps, des nombres et des personnes,
ici il est absolument dépouillé d'une grande partie
de ce cortège, les *personnes* et par conséquent les
nombres; et qu'il ne conserve que l'attribution du
temps, dans ses trois divisions, telles que les offre
le tableau n° VI. C'est donc l'idée de l'existence
indéfinie applicable, non à une personne ou une

chose formant le sujet d'une proposition, mais à tout nom substantif ou adjectif (qualificatif) formant l'attribut de cette proposition : de sorte que le caractère bien distinctif de l'infinitif ou *mode vague* est de ne plus dépendre d'un *sujet*, mais de se rapporter seulement à un *attribut ;* et, sous cette forme nouvelle, le verbe et cet attribut réunis deviennent eux-mêmes le sujet de quelque proposition. C'est donc un mode chargé d'exprimer l'idée abstraite de l'existence applicable seulement à un nom (substantif ou qualificatif) qui en dépend comme régime avec la seule attribution du temps passé, présent ou futur; mais qui a perdu sa puissance d'affirmation et de jugement. C'est ainsi que l'on dit *avoir été* pour exprimer l'idée abstraite d'une existence antérieure; *être* pour exprimer celle d'une existence actuelle; *devoir être* pour exprimer celle d'une existence à venir; laquelle existence n'est applicable à aucune personne, comme sujet d'une proposition. Si enfin le mot *être*, que nous venons de considérer déja dépouillé des attributions concomittantes de *nombre* et de *per-sonnes*, venait par une idée plus générale encore de l'existence à perdre celle même du temps, ce mot ainsi isolé rentre aussitôt dans la classe générale des *noms* et cesse d'être *verbe*. Il cesse d'être verbe parce qu'il a perdu d'abord sa prérogative d'*affirmation* et de *jugement*, et successivement les circonstances concomittantes de *nombre*, de *personnes* et de *temps*. C'est dans cette situation que l'article s'empare de ce mot, et par sa faculté d'individualiser, démontre que, déchu de ses hautes fonctions de verbe, il rentre dans la classe commune des noms.

Je sens qu'il est nécessaire d'éclaircir cette théorie par quelques exemples propres à faire distinguer la légère nuance qui se trouve souvent entre le verbe et le nom; et pour cela il me paraît nécessaire de bien reconnaître d'abord sa nature comme verbe, à l'infinitif, c'est-à-dire, au mode vague.

Je ne puis *être* en deux lieux à la fois.

Dans cette phrase, *être* présente l'idée vague de l'existence dans le temps présent applicable à deux lieux à la fois, et pour mieux s'en convaincre, il faut réduire cette locution à la forme régulière d'une proposition, c'est-à-dire, d'une équation mentale, et nous trouverons celle-ci : *être en deux lieux à la fois* EST *une chose impossible pour moi.* Le sujet de la proposition au premier membre de l'équation se compose ici de *être en deux lieux à la fois,* c'est-à-dire, en d'autres termes, *l'idée générale d'une existence présente applicable à deux lieux à la fois.* L'attribut ou le second terme de l'équation se compose de *une chose impossible pour moi.* Ces deux termes sont unis par le véritable verbe *est* qui donne l'affirmation du jugement que je porte et qui se trouve chargé de la triple concomittance du temps, du nombre et de la personne. *Est* joue ici, comme nous l'avons déja dit plus haut, le rôle de fléau de la balance mentale qui trouve qu'*être en deux lieux à la fois* et *une chose impossible pour moi* sont deux concepts négatifs égaux.

Exemple : *Il faut être aimable pour lui plaire*, c'est-à-dire, en réduisant analytiquement cette phrase en une proposition ou équation mentale : *être aimable* EST *une chose indispensable pour lui plaire*. Proposition dont le sujet et l'attribut sont réunis par le verbe *est* : équation dont les deux termes sont égaux ou désignés comme tels par le verbe *est*, qui correspond au signe algébrique $=$.

Ex. *Il peut être six heures* : c'est-à-dire, *être à six heures*, EST *une chose possible ou probable*. Je dis ici possible ou probable parce qu'en français le verbe *pouvoir* exprime également ce qui tient à la puissance ou aux chances. Il n'en est pas ainsi *en allemand, en anglais*, etc.

Ex. *Il faudrait être quatre pour cela* : c'est-à-dire, *être quatre pour cela*, SERAIT *une chose indispensable*.

Ex. *Être deux, être trois, être quatre même,*

ne suffit pas : il faut être au moins VINGT. Cette proposition est double, parce qu'il s'y trouve deux infinitifs ou modes vagues. En l'analysant on trouve pour la première, *être deux, être trois, être quatre, n'est pas suffisant,* à moins qu'on ne voulût répéter cette proposition autant de fois que le mot être s'y trouve, *être deux n'est pas suffisant, être trois n'est pas suffisant, être quatre,* etc., et pour la seconde, *être au moins vingt* EST *chose nécessaire.*

Mais si je disais, *vous devez chérir* L'ÊTRE *qui vous a donné la vie,* la présence de l'article devant le mot être annoncerait suffisamment son rôle *de nom* substantif, d'individu grammatical ; toute la magie du verbe a disparu. Cette désignation d'individu convient tellement au cas actuel que l'on pourrait presqu'aussi bien dire, *vous devez chérir* L'INDIVIDU *qui vous a donné la vie.*

Si enfin en renversant l'ordre des mots de ce dernier exemple, au lieu de dire, *être deux, être trois,* etc.; on disait, *deux êtres, trois êtres, quatre êtres,* etc., *ne suffisent pas pour constituer un tel ordre de choses*, etc.; n'est-il pas évident que ce mot serait alors employé *substantivement,* comme le démontre en outre le signe du pluriel qu'il est obligé de prendre en français. Être est donc, en ce cas-ci, un véritable *nom* générique, précédé d'un des termes de l'échelle numérique, qui comme nous l'avons vu, jouit de la même prérogative que l'article.

Il n'existe donc aucune difficulté pour reconnaître et classer parmi les noms, le verbe lorsqu'il est précédé de l'article qui en est le signe certain et indubitable. Mais plusieurs langues et la nôtre entre autres, présentent des cas, où l'on ne peut discerner à laquelle des deux natures appartient ce mot, et où le contexte général de la phrase peut seul l'indiquer, comme dans les deux exemples suivants.

Être incompréhensible, est le plus grand défaut pour un auteur.

Être incompréhensible, dont ma faible raison ne peut qu'entrevoir, etc.

Etre chéri de tous ceux qui vous entourent, est un sort, etc.

Etre chéri, dont la naissance vient enfin sécher tant de pleurs.

Dans chacun de ces deux exemples, le mot *être* est *verbe* dans la première phrase, il est *nom substantif* dans la seconde ; mais ce n'est que par l'ensemble de la phrase qu'on peut en être assuré : *être incompréhensible*, ou *être chéri*, écrits isolément, ne présenteraient dans notre langue aucun sens déterminé, ce n'est que ce qui précéderait ou ce qui suivrait, c'est-à-dire, comme nous l'avons dit, le contexte de la phrase, qui pourrait le fixer.

Il serait facile d'accumuler les exemples de cette nature qui tous démontreraient combien est légère la nuance qui sépare l'*infinitif* d'avec le *nom*. Comme *nom*, le mot ne retient que la figure graphique ou phonétique du verbe, c'est un simple substantif, et il n'y a aucune difficulté à cet égard : commme *infinitif*, le mot est d'une nature amphibie : *verbe*, en ce qu'il conserve l'attribution du temps ; *nom*, en ce qu'il rentre dans un des termes de la proposition et qu'il a perdu sa prérogative d'*affirmation de jugement* : ce dont on peut s'assurer en essayant de construire une phrase ou une proposition quelconque avec le seul secours de l'infinitif, ce qui est impossible dans quelque langue que ce soit.

Telle est dans mon opinion l'idée que l'on peut se former dans notre langue des véritables fonctions et de l'analyse réelle du verbe à l'infinitif. Cette métamorphose lui est commune dans tous les idiomes ; néanmoins, on pourrait trouver dans quelques autres langues une plus grande difficulté à discerner l'infinitif d'avec le nom. C'est principalement dans le chinois que cet embarras existe, dit-on ; mais sans aller aussi loin, l'anglais nous offre, dans presque tous les noms dissyllabiques, une difficulté analogue, et où la prononciation seule, c'est-à-dire, la prosodie, décide du rôle que doit jouer le mot dans le discours ; *nom*, si ce qu'ils appellent *l'emphase* porte sur la première syllabe; *verbe*, si elle porte sur la seconde, il ne s'agit donc, comme on le voit, que de faire la première ou la seconde syllabe longue ou brève, pour opérer cette métamorphose.

Or, comme le système orthographique ne tient pas compte de ces modifications, il est impossible au lecteur d'affirmer dans tel ou tel cas qu'un tel mot est un *nom* ou *verbe*. Il y a donc dans cette manière de s'exprimer quelque chose de ce vaporeux que l'on remarque dans le contexte de la phrase chinoise. Mais il est essentiel de remarquer que si de semblables exemples sont embarrassants pour le grammairien, le sens matériel de la phrase est toujours le même, que l'embarras est pour lui seul et non pour l'auteur, et qu'il importe peu que mon idée se présente à votre esprit sous la forme du *nom* ou celle du verbe, dès lors qu'elle est bien certainement la même; sans cela l'amphibologie eût forcé les Chinois ou les Anglais dans des cas semblables à adopter d'autres formes.

Si nous ne nous sommes occupés jusqu'ici que

du verbe substantif, du verbe élémentaire *être*, c'est qu'il est reconnu que tout autre verbe peut se réduire à ce seul verbe accolé au participe présent: *qu'aimer, courir, chanter, bailler, penser*, etc., c'est *être aimant, courant, chantant, baillant, pensant*, etc. Il en est de même des verbes positifs, forme particulière à la langue latine, et qui présentent à l'analyse l'union du verbe élémentaire avec le participe passé : *amor* signifie littéralement *amatus, a, um sum.* Les langues modernes ne connaissent point cette voix passive, c'est-à-dire, cette contraction, cette fusion du verbe substantif avec le participe passé, ce qui fait que sans notre proche parenté avec cette langue, qui nous a fait un devoir de la cultiver particulièrement, nous n'aurions eu aucune idée de cette forme, néanmoins on aurait pu se figurer abstractivement cette union du verbe élémentaire au participe passé dans toutes ses phases, ses modes et ses accidents : de même que nous pourrions concevoir facilement cette union avec le participe futur et qui par une

conjugaison spéciale exprimerait toutes les combinaisons relatives, ils auraient donc pu créer le
verbe *amaturor* pour rendre d'un seul mot *amatu-
rus, a, um sum*. C'est ainsi que pour exprimer
d'un seul mot *amandus, a, um sum*, les latins
auraient pu créer aussi le verbe *amandor*, qui
conforme à la métaphysique des langues en général, eût été particulièrement dans l'analogie de
leur langue.

Si les langues modernes ne connaissent point
les verbes passifs, elles sont encore bien plus éloignées de l'usage des verbes déponents, lesquels,
comme on le sait, sont de véritables verbes actifs,
sous forme passive. Cette difficulté apparente consiste donc uniquement en une simple mutation
de forme dans la conjugaison du verbe. Mais en
tant que ces anomalies exigent une attention spéciale pour ne pas confondre les conjugaisons, et un
effort particulier de la mémoire, cette variété de
formes est ainsi que celle des conjugaisons un vice
qui nuit à la prompte expression et à la rapide in-

telligence de la pensée, par conséquent à la perfection du langage.

Si l'article placé devant l'infinitif d'un verbe le change immédiatement en nom , et que l'on puisse dire le *manger*, le *dormir*, comme nous avons vu que l'on peut dire l'*être*, il s'en suivrait par analogie que les trois temps présent , passé et futur , devraient être soumis à la même loi , et que l'on devrait dire non-seulement l'*être*, mais l'*avoir été* et le *devoir être*. Notre langue n'a pas jugé à propos d'admettre cette locution , à laquelle elle supplée, par *l'existence passée* et *l'existence future ;* mais il est certain qu'elle serait dans l'analogie du langage. Les Italiens affectent volontiers cette forme, ils disent : *l'essere stato, il dover essere ,* etc. ; mais nous ne pourrions pas nous exprimer de cette manière ; nous y suppléons par d'autres formes.

Les participes suivent les mêmes divisions que les autres modes ; celles du passé, du présent et du futur , le tableau du n° VII nous offre ces trois participes du verbe fondamental en français, langue généralement assez pauvre dans ses éléments, quoique riche dans ses tournures, mais qui a dans cette circonstance un avantage positif, sur le latin qui n'en possède qu'un seul temps. C'est aussi à la double nature de verbe et de nom que le participe a dû d'être ainsi nommé; double nature, que nous venons de remarquer déja dans l'infinitif, mais qui plus facile à observer dans le participe, a dû lui mériter le premier cette désignation.

La grammaire de Port-Royal a déja posé en principe, que les participes sont de *vrais noms adjectifs* qui ont conservé avec le verbe une certaine liaison, celle de désigner un temps soit présent, soit passé, soit futur. On voit d'après ce simple aperçu que cette double nature des participes tient comme celle des infinitifs uniquement aux vues de l'esprit; par l'une, il conserve l'attribut du temps, et alors il est verbe; par l'autre, l'abstraction des temps le place dans la catégorie des *noms* : mais je ne pourrais pas dire comme Port-Royal exclusivement, des *noms adjectifs*, et j'en donnerai tout à l'heure la raison. Je dois faire remarquer auparavant que si l'infinitif dépose quelquefois sa fonction de verbe, c'est pour rentrer uniquement dans la classe des *noms substantifs*, tandis que le participe retombe souvent dans la même catégorie et souvent aussi dans celle des *noms adjectifs*. Ainsi, *être*, *boire*, *coucher*, *dormir*, *chauffer*, etc., sont des verbes au mode indéfini ou vague, sans autre désignation que celle du temps présent, et dépouillés de celle des personnes, des nombres, et surtout de l'affirmation. Mais les mêmes mots deviennent des noms substantifs, c'est-à-dire des individus grammaticaux sous l'influence de l'article ou de l'interjection *ó* exprimée ou sous-entendue; *l'être*, *le boire*, *le coucher*, etc, *ó manger délicieux!* etc.; mais si on dit *être charmant!* c'est qu'en français *ó être charmant!* offrirait un hiatus ridicule. L'infinitif suivant les vues de l'esprit est donc à volonté *verbe* ou *nom substantif;* mais le participe joint à cette faculté d'être souvent, mais non pas exclusivement, *nom adjectif.*

Tels sont dans notre langue les mots *charmant,*

dormant, levant, croissant, courant, etc., participes qui jouent suivant l'occurence le rôle de *verbes,* de *substantifs* ou de *qualificatifs.*

Je l'ai connue, charmant tous ceux qui lui parlaient.	Verbes au participe présent, c'est-à-dire, que l'idée d'un temps présent, d'une concomittance de l'acte avec la circonstance, précédente entre nécessairement dans les vues de l'interlocuteur et n'exprime conséquemment qu'une action ou disposition passagère ou momentanée, et cette épithète même de momentanée, ne peut appartenir qu'au *présent* dont un moment forme la durée et l'emblême : ce sont donc des verbes au participe présent dans ces quatre exemples.
Je l'ai trouvée dormant sur le bord d'un précipice.	
Je l'ai rencontrée levant le plan de son habitation.	
Je l'ai rencontrée courant dans la rue, etc.	
Je la trouve charmante.	Participes réduits à la fonction de qualificatifs, parce qu'ils expriment une disposition habituelle, une qualité qui peut exister dans les trois temps et qui par conséquent n'en désigne aucun; c'est cette distinction, celle d'avoir perdu l'attribut des temps qui en fait de véritables qualificatifs et alors ils deviennent déclinables dans les langues qui admettent les déclinaisons.
C'est une eau dormante.	
Ce sont les prix courants.	
C'est une réputation toujours croissante.	

Voilà le charmant de l'affaire.

C'est là le dormant du chassis.

Le levant est opposé au couchant.

La lune est dans le croissant.

C'est le courant de l'eau qui l'en—traîne.

} Participes employés comme *noms substantifs*, et précédés de l'article, qui en fait des individus grammaticaux devenus objets de la pensée ; ils pourraient également être précédés d'un nombre ou mis à ce qu'on nomme dans les déclinaisons, le vocatif, etc.

On voit donc que si la fonction habituelle du participe lorsqu'il perd l'attribut du temps et cesse d'être verbe, est de devenir *nom adjectif* ou *qualificatif*, l'article néanmoins conserve toujours la faculté individualisante, ou plutôt l'esprit conserve la faculté de considérer ces mots comme des objets ou individus grammaticaux, et dès lors les objets de la pensée sont des *noms substantifs*.

Il est singulier de voir comment les grammairiens ont pu tellement approcher et tourner de si près autour de la difficulté sans la résoudre complètement. Le résultat de leur manière d'envisager le participe, comme *verbe* ou comme *adjectif* est,

« que le premier exprime un état ou une action
« passagère ou momentanée, et le second un état
« ou une action habituelle. » Mais ceci est plutôt
une règle pour les distinguer, qu'une analyse raisonnée de leur nature. Un pas de plus cependant,
et ils y fussent arrivés, ils eussent reconnu la raison de cette règle, raison qui tient à l'essence
même de ces deux mots. C'est qu'une action ne peut
être passagère ou momentanée sans impliquer indispensablement l'idée du *temps* auquel on la rapporte, *passé*, *présent* ou *futur ;* alors le caractère
de désigner avec temps, *designatio cum tempore*, est
évidemment celui du verbe, et dans ce cas le participe est réellement *verbe*. Si l'action au contraire
est habituelle ou l'état habituel, le caractère de
designatio cum tempore disparaît nécessairement ;
il n'y a plus de verbe : mais comme aussi une manière d'être habituelle doit être regardée comme
une *qualité fixe*, le participe dépouillé de sa fonction verbale, revêt aussitôt celle de *qualificatif* ou
adjectif.

Sous ce rapport on doit convenir que la définition d'Aristote (un mot qui signifie avec temps)
est plutôt imcomplète que fausse. Ce philosophe
avait très bien senti que le *temps* est l'élément indispensable du verbe, mais le verbe a des fonctions
importantes dont *Aristote* ne paraît pas s'être douté,
et qu'il était réservé aux cénobites de Port-Royal
de nous indiquer les premiers.

C'est principalement dans la langue anglaise que
le participe présent joue le rôle de *nom substantif*
et remplace presque toujours l'infinitif. La raison
n'en a pas encore été donnée, mais elle est je crois
facile à apercevoir, c'est que le signe *to* étant toujours préfixé au verbe à l'infinitif, en devient la
marque distinctive; que le signe *to* étant en même
temps celui de notre préposition *à* ou du datif, il
en résulte qu'il y aurait une discordance bizarre
dans la rencontre de l'article *the* et du signe amphibie *to :* ainsi pour dire *le dormir,* il faudrait dire
the to sleep, qui au datif ferait encore *to the to sleep,*
tandis que *le dormir* ou *le sommeil* se dit déja *the*

sleep, expression bien moins compliquée. Aussi pour dire *le sommeil,* l'on dit *the sleep* ou simplement même *sleep,* et pour correspondre à notre manière de dire *le dormir,* les Anglais disent *the sleeping* et emploient constamment le participe présent comme *nom substantif,* par le même mécanisme que nous, mais en général, comme suppléant à nos *infinitifs nominaux.*

Il est donc dans l'analogie des langues d'employer les participes comme *noms substantifs,* et nullement exact de ne les regarder (exclusivement) que comme des noms adjectifs. Il est vrai de dire que si la langue anglaise en fait un usage si fréquent, cela est dû à l'accident du signe préfixe de son infinitif, qui ne permet pas d'employer celui-ci comme substantif, avec ce signe, car en ôtant le signe la plus grande partie des infinitifs anglais sont noms substantifs, par la raison toute simple que tout nom substantif peut se transformer immédiatement en infinitif, en s'armant du signe verbal *to.* Il s'établit donc une certaine concurrence entre les participes, tels que *sleeping*, *dancing*, *jumping*, etc., et les véritables noms substantifs, *sleep*, *dance*, *jump*, etc., qui existent antérieurement et pourraient rendre les mêmes idées. Cette surabondance, néanmoins tourne au profit du langage et permet quelques légères nuances, qu'il n'entre pas dans mon sujet de faire sentir ici, mais qui, favorables à la propriété plus ou moins recherchée des termes, ajoute à l'élégance de la diction.

Les participes présents, passés et futurs forment donc, comme on peut le voir, un mode assez semblable à l'infinitif, ou plutôt un sous-mode de l'infinitif, comme lui vague et indéterminé, avec cette différence, que dans son acception verbale il ne s'emploie que comme lié à une circonstance concomittante, à laquelle il fixe une époque et sert, pour ainsi dire, de date : mais en logique, la phrase incidente du participe sert de base à la proposition qui l'accompagne, ainsi que l'on peut en juger par les exemples suivants : *Étant à mon poste on n'a rien à me dire. Ayant été malade pendant huit jours, je n'ai pas pu m'occuper de cette affaire. Devant être un jour votre chef, je ne puis vous donner un tel exemple.* Dans ces trois exemples : *On n'a rien à me dire, je n'ai pas pu m'occuper*, etc., *je ne puis vous donner*, etc., sont trois circonstances inséparables de celles que présentent les participes de la phrase incidente, au temps de laquelle se rapporte la proposition suivante. Cette analyse du participe est tout-à-fait palpable et à découvert dans le latin, qui n'admettant point ces locutions, y supplée par un temps du verbe soumis à une conjonction de temps, telle que *quum, postquam*, etc. *Quum esset Cœsar imperator, tamen in senatu ipso interfectus est. Cicero postquam fuisset consul, in exilium actus est.* Enfin la propension du latin à suppléer souvent à ce mécanisme des participes par son ablatif absolu, nous indique que ce mode ou ce sous-mode en est l'équivalent.

Les grammaires françaises passent toutes sous silence une autre manière de considérer ou de no-

TEMPS FUTUR.

PASSÉ INTERMÉDIAIRE.	FUTUR ÉLOIGNÉ.
Je fui'aurai été général.	*Je serai* maréchal de France.
Ayant été être bientôt général.	*Devant être* même un jour maréchal de France , n'aurai-je pas parcouru tous les grades militaires ?
ι , *qui doit être.*	*Id.*

Il s'en ιns notre langue. Les deux premiers tableaux seuls le sont. l, le passé et le futur n'en admettent plus qu'une. Pour que de même dans presque toutes les langues, c'est le verbe le } des locutions faciles.

ter le participe passé et futur du verbe *être*. C'est celle que j'ai cru devoir rétablir au tableau n° VIII. On y voit que le vieux mot *feu, qui fut*, dont on a oublié l'origine, et le mot *futur*, tiré du seul participe latin du verbe élémentaire, *qui doit être*, ont tellement perdu leur caractère primitif, que les grammaires et les dictionnaires n'hésitent point à les ranger tout simplement parmi les noms adjectifs, oubliant qu'en métaphysique ce sont des participes réels, dont la fonction a fini par se confondre avec le sens.

Quant aux gérondifs et aux supins, partie si épineuse de la langue latine, les langues modernes et une grande quantité d'autres langues anciennes ne se doutent pas de leur existence. Quelle est donc la nature de ces mots si rebelles à l'analyse? Pour parvenir, je crois, à la connaissance de la nature et des fonctions d'un mot qui n'a pas son correspondant dans une langue, il faut lui substituer dans cette langue des équivalents exacts. C'est la méthode à laquelle nous venons d'avoir recours pour nos participes présents et passés du verbe *être*, qui n'existent point dans le verbe latin *esse ;* car le mot *ens,* d'une latinité moderne, ne remplit jamais les mêmes fonctions que notre participe *étant :* c'est un nom substantif qui ne s'emploie que dans un sens dogmatique. La périphrase latine est donc devenue un équivalent qui nous a dévoilé les parties constituantes, l'anatomie d'un mot qui lui est étranger. Elle en est devenue, pour ainsi dire, la monnaie et comme telle nous en donne la valeur exacte. Or, les *supins* et les *gérondifs* n'existant presque dans aucune langue, il s'agit donc de voir de quelle manière on doit les suppléer, quel en est l'exact équivalent, et la périphrase doit renfermer tous les éléments du mot qui nous manque.

Le verbe *esse* n'ayant ni *gérondifs* ni *supins,* nous serons forcés de nous reporter sur le *verbe adjectif régulier.* Là, nous voyons que les supins actifs et passifs se rendent par un infinitif présent lié à une proposition. Nous remarquons la même chose dans les trois gérondifs *di, do, dum,* qui dans toutes les langues se résolvent par un infinitif sous l'influence d'une préposition différente. Ne sommes-nous donc pas en droit d'en conclure que ces mots sont réellement des infinitifs modifiés par un rapport ou signe de rapport, indiqués en latin seulement par la désinence. C'est cette faculté de renfermer en eux-mêmes l'infinitif présent qui a dû les faire ranger à la suite des temps et des modes du verbe, dont ils retiennent l'attribut du temps. Mais, par une singulière anomalie, les Latins ont conservé à leurs *gérondifs*, la signification verbale, sous sa forme nominale, et ont ainsi enchassé une véritable déclinaison dans la catégorie de leurs conjugaisons. Car il ne faut pas confondre ici cette déclinaison avec celle des participes passifs ; si ceux-ci se déclinent, c'est franchement comme adjectifs, et comme ayant perdu le dernier attribut du verbe, *le temps* : au lieu que celle des gérondifs retient essentiellement cet attribut et sous ce rapport conserve entièrement son caractère de verbe.

Je crois que l'on a déja remarqué que les gérondifs *amandi, do, dum*, semblaient être les cas
d'un nom verbal, dont le nominatif serait l'infinitif *amare*. En effet, cet infinitif représenterait
le nominatif et le vocatif, *amandi* le génitif,
amando le datif et l'ablatif, *amandum* l'accusatif;
et par ce moyen la déclinaison serait complète. Au
singulier, je pourrais analytiquement adopter cette
manière de voir; mais étymologiquement, je ne
vois pas comment les Latins auraient conservé à
leurs gérondifs une forme si régulière et en même
temps si éloignée de ce nominatif. Je pencherais
plutôt à croire, dans cette hypothèse, que le participe présent, qui a tant de rapport avec l'infinitif présent, serait plutôt le véritable nominatif;
et l'analogie nous ferait plus aisément concevoir
le mot *amans* comme nominatif *d'amandi*, et *le-*
gens de *legendi*, que les mots *amare* et *legere* qui
semblent si disparates. Alors il faudrait admettre
qu'indépendamment de la véritable déclinaison
admise de *legens, tis, amans, tis*, etc. le même

nominatif servirait à tous les deux, avec cette différence bien essentielle que celle-ci désigne ou se rapporte constamment à *l'individu* et l'autre à *l'action* elle-même. C'est la nuance que nous observons en français entre les deux mots *amant* et *aimant*. Le participe présent latin serait donc le nominatif d'une double déclinaison, l'une, chargée de la fonction *nominale* ou *substantive*, l'autre, d'une fonction purement *verbale*.

Ecce verba legentis (lectoris); nunc legendum est; et legendo fateor quia tempus est legendi.

Cette phrase latine réunit les trois gérondifs, dont chacun implique nécessairement l'idée du temps, de l'action de lire; mais le génitif du participe présent, *legentis*, n'implique pas tellement l'idée d'un homme *lisant actuellement*, qu'il ne peut être suppléé facilement par son synonyme *lectoris*, simple substantif. D'après cette hypothèse, ce qui serait arrivé en latin arrive effectivement dans la langue anglaise, où le participe présent est souvent employé pour désigner l'acte même. Ainsi l'on emploie également et à volonté *loving*, *singing*, *dancing*, etc. comme participes présents ou comme noms ; tandis qu'avec les signes *of*, *to*, *from*, etc. ces mots deviennent, comme en latin, de véritables gérondifs sous forme même de déclinaison *.

En récapitulant tout ce que nous venons de dire du verbe élémentaire ou substantif, nous voyons que c'est un mot sans lequel le langage n'existerait pas ; un mot qui porte avec lui l'idée de l'affirmation de jugement, avec la désignation du temps, des personnes et des nombres ; d'une manière absolue, lorsqu'il est au *mode positif* ou *impératif* ; et dans les autres modes d'une manière relative à

---

* Je hasarde ici cette opinion dans le désir d'expliquer et de rendre compte de cette singulière phase du verbe latin ; phase réservée à la seule voix active, par la raison, sans doute, que dénuée de participe présent au verbe *esse*, cette langue a manqué de l'élément prinpal pour composer des gérondifs passifs, et cette remarque confirmerait l'idée que les participes présents en latin pourraient être les nominatifs réels des *gérondifs* ; or, la voix passive n'ayant même pas de participe présent, n'a pu former des *gérondifs passifs*.

la situation d'esprit dans laquelle se place l'interlocuteur. — Au mode *vague*, ou à l'*infinitif*, le
verbe perd l'*affirmation* et la concomittance des
personnes et des *nombres* : et réduit au seul attribut du temps présent, passé ou futur, il ne
présente plus que l'idée vague et purement métaphysique de l'existence placée dans une de ces
trois divisions. — Le sous-mode participe conserve
encore la prérogative du *temps* dans de certains
cas ; et lorsqu'il l'a perdue, ce mot n'appartient
plus au verbe, et, comme nous l'avons vu, il rentre
dans la classe des *noms*, *qualificatifs* ou *subs-*
tantifs.

On voit donc que le *temps* est de toutes les distinctions caractéristiques du verbe la seule qui le
suive constamment dans toutes ses phases, qu'il
en est l'élément indispensable, qu'il peut successivement perdre l'*affirmation,* les *nombres,* les *per-*
sonnes, sans cesser d'être verbe ; mais que, privé
de cette dernière prérogative du temps, le verbe
n'existe plus.

On doit aussi remarquer que c'est au présent de l'indicatif ou mode positif, et même à la troisième personne du singulier, que le verbe se trouve dans toute la plénitude de ses fonctions : c'est aussi, comme nous l'avons dit déja, le seul mode et la seule personne que reconnaisse l'*algèbre* dans son signe verbal $=$.

Nous allons placer ici en regard les différents modes établis dans les grammaires, et ceux que je propose de leur substituer.

MODES.	MODES.
L'Indicatif.	Le Positif.
Le Subjonctif, ⎫ Ainsi appelés	Le Positif antérieur.
Le Conditionnel, ⎪ suivant l'usage	L'Hypothétique
Le Potentiel, ⎬ qu'en font diffé-	L'Hypothétique antérieur.
L'Optatif, ⎪ rentes langues.	L'Impératif.
L'Impératif. ⎭	Le Vague ou Indéfini, qui comprend :
L'Infinitif, qui comprend:	
Les Participes.	⎫ Le Participe.
Les Gérondifs.	⎬
Les Supins.	⎭ Adjectifs verbaux.

SECONDE CLASSE.

DES RAPPORTS.

CONJONCTIONS, PRÉPOSITIONS, PARTICULES, ETC.

SIGNES DE RAPPORTS.

Après avoir parcouru la série des mots qui dans la division ordinaire de la grammaire, me paraissent tenir à un seul ordre de choses, *la matière,* il me reste à m'occuper de ceux qui, dans cette hypothèse se rattachent à l'autre ordre de choses, *le mouvement.* Les premières correspondent aux objets seulement dont ils sont les signes ; les seconds correspondent aux rapports de ces objets entre eux, rapports matériels ou intellectuels, et ils en sont les signes.

Les grammairiens ont formé plusieurs classes

de mots, ou parties du discours de tous ceux que je range ici sous la dénomination commune de signes de rapports. On sait combien l'analyse de ces différentes parties du discours les a embarrassés, par la difficulté de donner des définitions exactes, et surtout d'assigner à chacune de véritables limites; car, une préposition pour l'un, est souvent une conjonction pour l'autre, *et vice versa.* L'une et l'autre sont souvent et presque toujours des particules : autre dénomination, qui atteste l'impuissance des grammairiens pour déterminer la nature et les fonctions de certains mots, qui n'ont en commun que l'exiguité. Que dirait-on d'un chimiste à qui l'on demanderait l'analyse d'un grain de sable et qui répondrait que c'est une *particule* de matière ; ou d'un naturaliste qui ferait la même réponse sur une puce ou sur un rotifère : car ce sont bien aussi réellement des *particules* de matière. On en conclurait certainement leur impuissance à donner une meilleure solution. Il y a plus, c'est que ce qui est particule dans une langue ne l'est pas toujours dans une autre : ce qui prouverait encore, s'il en était besoin, que cette dénomination insignifiante ne répond en aucune manière à l'analyse du langage. Il est vrai, que la plupart des grammairiens ne la comprennent pas dans leurs neuf parties du discours, mais tous en parlent et quelques-uns dont le nom est d'un grand poids dans la métaphysique, ont proposé de l'admettre comme dixième partie.

Nonobstant les savantes recherches et la rare sagacité avec laquelle un grammairien moderne est parvenu à démontrer que, dans aucune langue, les conjonctions ne pouvaient avoir été établies, *à priori,* et n'étaient étymologiquement, comme il l'a prouvé dans sa propre langue, que des impératifs de verbes obsolètes, usés par le temps et inusités par les variations successives de la prononciation, qui les ont défigurés au point de les rendre méconnaissables à tout autre œil que celui d'un érudit; nonobstant, dis-je, cette opinion que je regarde comme fondée, il n'en reste pas moins certain, que les conjonctions et les prépositions bien qu'à *posteriori*, parvenues à l'état où elles se trouvent dans toutes les langues perfectionnées, y jouent un rôle bien distinct, et y sont chargées de fonctions particulières. Quelles qu'aient été les premières vues de ceux qui, sans s'en douter, les ont créées. C'est ainsi que l'on aurait tort d'arguer contre les fonctions actuelles de la plupart des lettres de notre alphabet, que primitivement elles étaient des hiéroglyphes, chargées de transmettre et de rappeler l'idée complète d'une chose, c'est-à-dire, un mot entier, et non pas une simple portion graphique des mots en général. Le devoir du métaphysicien est, je crois, de prendre les langues dans l'état où elles sont parvenues et non dans l'état d'imperfection où elles ont dû être. Ainsi, les conjonctions qui pouvaient présenter dans le principe un sens positif, n'en ont plus actuellement que comme signe algébrique.

Les recherches auxquelles je fais allusion n'en sont pas moins très curieuses sous le rapport de la

marche qu'a dû suivre l'esprit humain, et des res-
sources que faisait naître la nécessité.

Le nom de *préposition* n'est pas très heureusement choisi, du moins pour ce qui concerne la
grammaire générale : car, 1° ces mots ne sont pas
placés sans exception *devant* leur régime; 2° il
existe quantité de langues où l'on aurait pu aussi
bien les nommer des postpositions : *Where do you
come from? he is running away*, etc. *Des kirche
gegen über : was habe ich davon?* etc. *Das liegt mir
hart an.*

Il existe en français environ cinquante *prépositions*, c'est-à-dire, une cinquantaine de rapports
habituels entre les *objets*; plus, neuf ou dix espèces
de *conjonctions*, dont les différentes dénomina-
tions attestent bien positivement leur fonction
particulière d'exprimer certaine espèce de rapports;
mais ce qui atteste aussi la sagacité des grammairiens, c'est d'avoir trouvé dans cette longue
énumération, des *conjonctions disjonctives*, et des
prépositions postpositives.

Je suis bien convaincu que ces deux ou trois espèces de mots, *préposition, conjonction* et *particule*, ne
forment ou ne doivent former qu'une seule classe
et ne sont, en réalité, que des termes correspondants aux différentes affections de l'esprit, qui aperçoit et désigne des rapports, soit *entre les objets
eux-mêmes*, soit *entre les différents groupes de la
pensée*, c'est-à-dire, *entre différentes propositions*,
et effectivement l'emploi d'une *conjonction* en suppose toujours au moins deux : ce qui n'est pas indispensable pour la *préposition*. Les *prépositions*
sont des traits qui complètent le tableau, c'est-à-
dire, qui donnent de la précision à la pensée. Les
conjonctions tiennent à la manière, aux vues particulières de l'interlocuteur et pourraient être rem-
placées souvent par d'autres locutions, sans rien
changer à la pensée exprimée.

Ainsi, si l'on dit : *Cette flotte se dirige vers les
Antilles;* vers exprime un rapport de direction :
Il est en ville; en exprime un rapport de situa-
tion : *La pendule est sur la cheminée; les nuages*

au-dessus de ma tête ; les Antipodes sous mes pieds, etc. ; SUR, DESSUS, SOUS, expriment trois rapports de *position* respective, ainsi de suite. D'où il suit que cette espèce de mots, les *prépositions* expriment particulièrement les rapports des objets entre eux. Il n'en est pas ainsi des conjonctions : *Ni l'or ni la grandeur ne nous rendent heureux ; qui tourne du soleil ou de notre planète ? soit que vous partiez, soit que vous restiez,* etc. ; NI, OU, SOIT QUE, sont des rapports purement métaphysiques et grammaticaux, qui ne tiennent point à la nature même des objets de notre pensée, mais qui répondent aux vues de notre esprit dans la manière de présenter ces objets ; car, j'aurais pu dire la même chose sans employer de conjonctions : *L'or ne nous rend point heureux, la grandeur ne nous rend point heureux, est-ce le soleil qui tourne ? est-ce notre planète qui tourne ?* etc. L'idée eût été identiquement la même ; mais dans les exemples cités plus haut, je ne puis changer la préposition sans altérer l'idée, ou sans lui en substituer une au‹

tre ; car, à la rigueur dans un rapport de position respective, je puis aussi bien dire : *La cheminée est sous la pendule,* ou *mes pieds sont au-dessus des Antipodes,* que *la pendule est sur la cheminée, les Antipodes sont sous mes pieds :* mais je n'aurais fait que substituer une préposition à une autre, et comme il est plus naturel de rapporter le plus petit objet au plus gros, le mobile au fixe, cette dernière locution est préférable.

Il y a des langues qui abondent en signes de rapports et qui par leur génie ou leur mécanisme particulier en font l'emploi le plus heureux. Ce sont les *wing'd words* de *Horne Tooke,* dont nous avons déja parlé. Ces langues douées d'une merveilleuse souplesse expriment avec facilité et vivacité les rapports les plus minutieux et les nuances les plus délicates. D'autres, suppléent souvent à cette abondance par de petits tours contractés, qui par le long usage finissent par n'être plus considérés que comme un seul mot ; tels sont en français les mots *hormis, nonobstant, dorénavant,* etc. D'autres langues encore suppléent en grande partie à cette nombreuse nomenclature par l'artifice des cas; chacune de leurs désinences répond à un rapport déterminé : de sorte que bien qu'en général les déclinaisons se bornent à six cas, comme celles du latin, de l'allemand, du grec, etc., on peut néanmoins concevoir qu'une langue eût pu se créer autant de cas que de rapports possibles, et alors cette langue n'eût pas connu les *prépositions*. L'arménien, par exemple, possède dix cas; la langue laponne, quatorze; la langue basque, dit-on, dix-sept. Mais bien que telle ou telle langue pût être complètement dépourvue de prépositions, il n'en est pas moins certain que l'analyse reconnaîtrait dans cette variété de formes et de désinences les mêmes vues particulières de l'esprit, et en tiendrait compte comme d'une fonction particulière du langage.

DE L'ADVERBE.

Dans le sens analytique, *l'adverbe* n'est certainement point un mot à part, puisqu'il n'est chargé d'aucune fonction ou vue particulière de l'esprit que l'on ne puisse rendre avec les autres mots existants, et que l'on pourrait écrire ou traduire un long ouvrage sans faire usage d'un seul *adverbe*. C'est comme on l'a souvent remarqué, une contraction d'un nom et d'une préposition; ainsi, *promptement*, signifie *avec promptitude; délicatement, avec délicatesse ; vivement*, *patiemment*, *avidemment*, etc., *avec vivacité*, *avec patience*, *avec avidité*, etc. ; mais ces contractions une fois admises dans une langue, l'ordre grammatical doit leur assigner une place à part dans le discours.

Je sais qu'on pourrait objecter à cette formation d'adverbes français, que nous tenons cette forme en *ment* de nos voisins du midi; que ce sont les Italiens qui l'ont adoptée, et que dans leur langue l'étymologie en est palpable.

Veramente, signifie, d'un esprit vrai, et se compose des deux mots, *vera*, vrai, et *mente*, esprit : il en est ainsi de tous les adverbes qui ont cette terminaison, *facilmente, leggiadramente, assoluta-*

mente, etc., qui tous sont l'union d'un adjectif avec le mot *mente,* esprit, manière ou intention, etc. ; mais ce même mot *mente* est lui-même un ablatif absolu latin dont ils ont hérité, et qui a, pour ainsi dire, conservé son privilège de sous-entendre sa préposition ; car il est évident que *leggiadramente,* signifie, *con una mente leggiadra ; amichevolmente, con una mente amichevole* : d'une manière légère, d'une manière amicale, ou enfin, *avec légèreté, avec amitié.* Le signe prépositif est donc essentiellement renfermé dans la contexture de l'adverbe.

L'analyse de l'adverbe et celle du gérondif offriraient donc une certaine analogie. Il y aurait néanmoins cette différence à observer que celui-ci, chargé de l'idée du temps, indique plutôt *la cause* ou le motif déterminant; et l'autre, indifférent au temps, indique *la manière* ou le mode. Ainsi l'on peut dire presque également : *Le sachant à présent, je puis vous en parler; et, je puis à présent vous en parler sciemment.* L'idée au fond est la même; mais l'emploi de ces deux locutions dépend de l'intention de l'interlocuteur, qui peut en parler, *parce qu'il* sait la chose à présent ou qui peut en parler à présent *comme* quelqu'un ou à *la manière* de quelqu'un qui sait bien la chose.

Ces rapprochements, qui paraîtront peut-être futiles à quelques personnes, me semblent importants, pour donner une idée exacte des mots et de leurs fonctions.

La composition de tous les adverbes n'admet pas une analyse aussi facile que ceux que nous avons d'abord examinés; mais leur forme est indubitablement la même : dans tous les cas, l'adverbe indiquant *la manière* ou *le mode*, a pour fonction de *modifier* le mot auquel il se rapporte. C'est une erreur certainement bien ancienne que celle d'avoir pensé que ce mot était exclusivement adjoint au *verbe*; et c'est cette croyance qui lui a valu son nom *d'adverbe*; mais, dans la réalité, c'est un des mots les plus mal désignés. Si l'on dit : *C'est un homme éminemment sage; un roi véritablement grand; un jeune homme passionément épris*, etc., les trois

adverbes prétendus ne se rapportent ou ne modifient d'aucune manière le verbe *être* exprimé ou
sous-entendu : ce sont bien positivement les trois
adjectifs, *sage*, *grand* et *épris*. Mais si l'on dit :
*La fièvre s'est déclarée immédiatement ; le feu a
pris subitement*, etc., dans ces deux cas, l'adverbe
modifie le verbe et non pas les deux noms substantifs qui précèdent. Mais il faut remarquer que ce
n'est que par extension, que l'on peut dire que
l'adverbe modifie ici le verbe; car en réalité ce
n'est pas le verbe *substantif* ou élémentaire qui est
modifié, celui qui appose à la phrase le cachet de
l'existence, c'est le verbe *adjectif* qui est toujours
une alliance du verbe fondamental et d'un participe. Or, le participe, comme nous l'avons vu,
étant un véritable adjectif, c'est cet adjectif, renfermé dans la signification de ces verbes, qui est
modifié par l'adverbe. Effectivement, si vous dites :
J'aime passionément, cela veut dire, ou plutôt
cela doit se rendre analytiquement par, *je suis passionément aimant ou amoureux. Elle chante divi-*

nement, cela équivaut à *elle est chantant divine-
ment*, ou encore, *c'est une chanteuse divine*, etc.
Donc, à la rigueur, l'adverbe, dont la fonction est
de modifier, ne modifie que ce qui est susceptible
de l'être, je veux dire les adjectifs : puisqu'eux
seuls, dans le langage, expriment les *qualités* ou
manières d'être accidentelles. D'abord, le verbe
élémentaire est immuable; l'article et le pronom
ne sont pas susceptibles de modification; les objets
de la pensée et leurs rapports sont réellement ou
ne sont pas : leur existence n'est donc pas susceptible de modifications; mais les *qualités* ou *manières d'être* de ces objets, le sont à l'infini, et les
adjectifs ou *qualificatifs* sont donc bien réellement
la seule classe de mots qui soient soumis à l'action
de l'adverbe. L'erreur qui a valu à cette partie du
discours le nom d'*adverbe*, était donc bien naturelle dans un temps où la métaphysique des langues
étant très peu avancée, on ne se doutait pas de
l'existence d'un verbe élémentaire auquel tous les
autres peuvent se réduire avec l'adjonction d'un

participe ou adjectif verbal. Ainsi il est donc bien positif que c'est cette portion seulement du verbe qui est soumise à l'influence de *l'adverbe ;* mais, comme il est évident qu'une telle dénomination est absolument en opposition avec les véritables idées analytiques et qu'elle ne peut que perpétuer de fausses notions et des erreurs, je me range totalement parmi les grammairiens qui, comme *Duclos* entre autres, ont déja proposé de changer ce nom d'*adverbe* en celui de *modificatif*: dénomination parfaitement appropriée à ses fonctions, et dont l'effet sera de les faire comprendre et de les graver plus facilement dans la tête de ceux qui désirent connaître les véritables fondements de l'art de la parole.

Je viens de dire que les rapports ou *signes de rapports* ne sont pas susceptibles de modifications, et par conséquent ne sont pas soumis à l'action de *l'adverbe.* Ceci demande peut-être à être expliqué et démontré par quelques exemples : *Il penche terriblement* vers *le matérialisme ; il s'est déclaré su-*

bitement CONTRE *son ami.* Dans ces deux cas, il est évident que le *modificatif* agit sur le verbe et non sur *les prépositions vers* ou *contre ;* mais l'exemple suivant pouvait paraître plus embarrassant. On demande : *Est-il dessous ou à côté ?* On répond : *Non ; il est exactement dessus. Exactement* semble bien modifier ici le signe du rapport *dessus ;* mais, en y réfléchissant, il est clair que cette petite phrase est elliptique. Cela veut dire : *Il est* POSÉ *exactement dessus.* Alors il n'est plus douteux qu'*exactement modifie* le verbe *posé* et non le mot *dessus,* qui n'en serait jamais ni plus ni moins *le dessus ;* il n'y a de modifié alors que la *position* qui est *exacte.*

Il existe encore une erreur essentielle relativement aux adverbes : erreur dans laquelle sont tombés les grammairiens de presque toutes les langues ; c'est d'avoir rangé uniquement dans la catégorie des adverbes une foule de mots qui n'en sont pas, ou qui ne le deviennent qu'accidentellement. Tels sont, entre autres, les mots *ici* et *là* désignés dans toutes les grammaires et dans tous les dictionnaires comme adverbes de lieu *.

Pour bien s'entendre sur ce point, il faut avoir recours à l'analyse et se rappeler les définitions. Un adverbe est un mot formé de l'alliance ou de la contraction d'un nom et d'une préposition : et sous ce rapport, un adverbe est véritablement un cas ; c'est sans doute pour cette raison qu'il est indéclinable dans toutes les langues. Toutes les fois donc, qu'on ne pourra remplacer un mot que par un nom soumis à une préposition, on peut être certain que le mot est un *adverbe*, ou du moins est employé comme *adverbe*, qu'il en a le sens et la signification. Mais aussi toutes les fois qu'un mot peut être soumis à plusieurs prépositions dans le discours,

---

* Rivarol, dans le nouveau Dictionnaire de la langue française qu'il avait entrepris, dont quelques lettres seulement ont été terminées par lui et beaucoup d'autres ébauchées, devait définir ces deux mots comme je le fais ici. Mais la mort ayant interrompu ses travaux et m'étant assuré qu'ils ne se trouvent pas notés dans l'exemplaire qu'il a laissé ; comme je ne puis voir dans cette lacune qu'un oubli, et que c'est entièrement à lui que je dois cette définition, j'ai cru devoir en l'adoptant lui faire hommage de ce qui lui appartient.

c'est qu'alors le nom ne porte pas, ou ne porte plus sa préposition avec lui; il n'est pas, ou il n'est plus *adverbe*. C'est cette alternative qu'éprouvent certains mots dans les langues, d'être tantôt noms et tantôt adverbes, suivant les vues de l'esprit, que les grammairiens n'ont pas discernée et qu'il importe de bien établir. Ces amphibies, comme on a pu s'en convaincre par tout ce qui a précédé, ne sont pas les seuls que présentent l'étude des langues, et qui, par cette raison, ont résisté le plus à l'analyse. Ainsi, pour obtenir celle de ces deux mots *ici* et *là*, c'est-à-dire, leur définition exacte, j'observe d'abord que le mot *ici* s'applique toujours au lieu dans lequel se trouve la personne qui parle : et que le mot *là*, s'applique toujours à un lieu où n'est pas la personne qui parle, mais qu'elle indique. Ce sont donc deux noms que l'on doit qualifier d'*abstraits* puisqu'ils peuvent s'appliquer également à tous les lieux dans lesquels pourrait être la personne qui parle, et à tous les lieux dans lesquels elle ne serait pas, mais qu'elle indiquerait. On peut donc *définir* ainsi ces deux mots :

Ici, nom abstrait du lieu où l'on est.
Là, nom abstrait du lieu où l'on n'est pas, mais que l'on indique.

Ces deux mots sont donc absolument dans le même cas que les pronoms personnels. *Je*, est toujours le nom abstrait de la personne qui parle; *tu*, le nom abstrait de la personne à laquelle on parle, etc.; ainsi de même que *je* peut se trouver dans la bouche de *Pierre*, de *Jacques* ou de *Charles*; de même *ici* peut être l'équivalent de *Paris*, de *Londres* ou de *Bordeaux*. Par exemple, si quelqu'un dont je ne connaîtrais pas l'écriture, circonstance qui pourrait m'éclairer suffisamment, m'écrit : *Je sors d'ici*; s'il n'a pas au moins signé ou daté sa lettre, il me sera impossible de deviner quel est le *je* et quel est l'*ici* dont il est question, puisque *je* est le nom abstrait de toute personne qui parle, et *ici* le nom abstrait de tout lieu que l'on occupe. Or, il y a tant de lieux et tant de personnes au monde que mon jugement ne peut, avec

une donnée aussi vague, s'arrêter sur aucune personne ni sur aucun lieu.

Actuellement, je remarque que dans cette petite
phrase le mot *ici* est un nom véritable et ne peut
être un *adverbe;* premièrement, parce qu'il est
soumis à une préposition séparée; secondement,
parce qu'en lui substituant la définition générale,
de nom abstrait *du lieu où l'on est*, j'aurai, *je sors
du lieu où je suis*, et si enfin je veux substituer un
nom propre ou appellatif à cette définition générale, j'aurai, *je sors de Paris ou je sors de pri-
son*, etc. Dans tous lesquels équivalents, rien ne
peut constituer un adverbe. Il en est de même des
phrases suivantes : *Elle est venue de là*, ce qui signifie, *elle est venue d'un lieu où je ne suis pas,
mais que je vous indique; il incline vers ici, il se
dirige vers là*, etc. : et si l'euphonie ne s'y fût pas
opposée on aurait pu dire : *combien de toises comptez-vous d'ici à là*, ou *de là à ici?* comme on dit,
d'ici à lui, d'ici à la maison. Mais si la prosodie
repousse ces *hiatus*, nous éludons la difficulté par

une préposition équivalente et plus euphonique. Nous disons fort bien : *combien de toises comptez-vous de là jusqu'ici,* ou *d'ici jusque-là ;* mais il nous paraîtrait intolérable de dire *d'ici à là* et *de là à ici* Aussi, *d'ici là,* et *de là ici,* ne sont que deux locutions elliptiques dont toutes les langues offrent de fréquents exemples ; enfin, l'euphonie est tellement la cause de ces ellipses dans notre langue, que l'anglais et l'allemand qui n'éprouvent pas le même inconvénient, n'en ont point.

Il est donc incontestable que ces deux mots que j'ai choisis parmi beaucoup d'autres sont en logique, des *noms abstraits,* et en grammaire des *noms substantifs.*

Cependant il existe une foule de cas où les noms substantifs prennent la signification et jouent le rôle d'*adverbes. Où êtes-vous? je suis* ICI ; *où est-elle? elle est* LA. Il est évident que ces deux mots ont perdu leur signification substantive ; car, en suivant la méthode analytique employée plus haut, qui est de substituer la définition au défini, j'aurais, *je suis* — *le lieu où je me trouve ; elle est* — *le lieu où je ne suis pas, mais que j'indique.* Or, je ne puis être *un lieu*, elle ne peut être *un lieu* ; il y a donc quelque chose nécessairement sous-entendu, ce quelque chose est indubitablement la préposition *dans* : alors, *je suis ici,* signifie, *je suis* DANS *le lieu où je me trouve ; elle est là,* signifie, *elle est* DANS *un lieu où je ne suis pas, mais que j'indique.* Ces deux équivalents nous font connaître les éléments constitutifs de *l'adverbe,* l'union d'un nom et d'une préposition : *je suis dans le lieu,* etc. , *elle est dans un lieu,* etc. ; c'est donc dans ce cas, et dans beaucoup d'autres , un nom accidentellement revêtu de la fonction *d'adverbe.*

L'embarras vient de ce que les *adverbes* formés par cette union d'un nom et d'une préposition, prennent ordinairement une terminaison différente du nom, et qu'ici le nom reste le même en changeant de fonction ; ce qui prouve que ces noms de lieu et bien d'autres n'étaient point destinés par leur nature à devenir des adverbes ; mais que la vivacité des ellipses a fini par leur en faire prendre le caractère.

Il se trouve effectivement une foule d'autres mots dans le même cas que les deux que nous venons d'examiner. Il suffit, pour s'en convaincre, de les soumettre à l'analyse, et l'on verra que *où*, *quand*, *combien*, *peu*, *beaucoup*, etc., sont aussi des noms soumis à plusieurs prépositions, et qui deviennent *adverbes* lorsque la préposition est sous-entendue. *D'où venez-vous ? Par où avez-vous passé ?* etc., signifient *de quel lieu*, etc., *par quel lieu*, etc. *A quand la noce ? Depuis quand le connaissez - vous ? A quel temps, depuis quel temps,* etc. *Combien* répond à *quelle quantité. Combien avez-vous d'enfans ? De combien de vertus n'a-t-il pas donné l'exemple ? A combien de dangers il s'expose ! Sur combien d'hommes puis-je compter ? Pour combien, contre combien,* etc. On voit par tous ces exemples dans lesquels il ne faut que substituer *quelle quantité* au mot *combien*, qu'on peut employer ce mot et ses pareils avec une foule de signes prépositifs ; ce que l'on ne peut faire de l'adverbe. Mais si l'on dit : *Où demeurez-vous ? Quand viendrez-vous ? Où* et *quand* sont employés ici comme adverbes et la préposition est forcément sous-entendue. *Dans quel lieu demeurez-vous ? Dans quel temps viendrez-vous ?* On dit aussi : *Combien je l'aimais ! combien il est changé !* C'est le *quantum* des latins. *Quantum mutatus ab illo*, etc. Aussi rendons-nous souvent cette locution par notre *que : Que je l'aimais ! qu'il est changé !* Enfin il en est de même encore de *peu* et de *beaucoup*, dont l'un signifie *petite quantité*, et l'autre *grande quantité*, *bella coppia*. Ce sont, si l'on veut, des mots contractés, mais sans la présence du signe prépositif ; ce qui fait la marque caractéristique de *l'adverbe*. Ce signe prépositif sous-entendu est tellement le cachet de l'adverbe, que nous pouvons remarquer que dans les phrases latines : *Quò te, Mœri, pedes ? Quò vincula nectitis ? Quò molem hanc immanis equi statuere ?* Cet ablatif *quo* a dépouillé sa qualité de *pronom*, pour revêtir celle d'*adverbe*, parce que le signe prépositif indispensable n'est point exprimé, mais sous-entendu. In *quo loco te, Mœri, pedes ; quo fine,* etc.

Il faut remarquer que souvent l'interlocuteur crée des adverbes à son insçu, c'est-à-dire, donne force d'adverbe à des mots qui, par leur nature, n'appartiennent point à cette classe. On dit : *Cet homme travaille fort ; cette femme chante faux ; cet enfant répond juste ; cette fleur sent bon.* Tous ces adjectifs *fort, faux, juste* et *bon* remplissent ici la fonction d'adverbes; et cela, parce que l'ellipse de ces locutions renferme ou plutôt suppose un signe prépositif supprimé.

Hier, demain, etc., sont aussi très évidemment, par leur nature, des noms substantifs. *Comment appelle-t-on le jour qui vient de s'écouler, veille du jour où nous sommes ?* Il s'appelle *hier.* Donc *hier* est un nom. *Quel jour dois-je revenir ? De-main.* C'est-à-dire, que *demain* est le jour où il faut que je revienne.

Ces deux mots et bien d'autres encore sont donc

dans le même cas qu'*ici* et *là*, que *je*, *tu*, etc.
c'est-à-dire, des noms abstraits. *Hier* est le nom
abstrait du jour qui a précédé celui où l'on se
trouve; *demain* est le nom abstrait du jour qui
doit suivre celui où l'on est. Si ces deux mots cependant et leurs semblables jouent souvent le rôle
d'adverbes, au point que les grammaires et les dictionnaires les considèrent uniquement comme tels,
c'est par la même raison que les quatre adjectifs
que j'ai cités plus haut, *fort*, *faux*, *juste*, *bon*.
C'est parce qu'une ellipse plus ou moins brusque a
supprimé une préposition nécessaire au sens *.

Ainsi l'on dit : *Je suis venu* HIER; *je viendrai*
DEMAIN. *Hier et demain* ont cessé d'être des *noms*
et sont devenus des *adverbes*. Parce que cette lo-

---

* Je crois avoir déja fait la remarque que cette tendance de l'esprit humain aux ellipses, c'est-à-dire, à abréger la représentation
de la pensée, tendance lente, mais graduelle, finirait par déclasser
tous les mots au point d'embarrasser complètement les grammairiens,
comme on peut l'observer dans la langue chinoise, si l'écriture d'une
part, aidée de l'imprimerie, et de l'autre les auteurs classiques d'une
langue, ne ralentissaient considérablement cette tendance à dénatu-
rer le langage ; en un mot, si la littérature ne servait à la fixer.

cution elliptique représente ces deux autres : *Je suis venu dans le jour d'hier ; je viendrai dans le jour de demain ;* ou autrement : *au jour d'hier, au jour de demain ;* comme on dit effectivement, *au jour d'hui.*

En dernier résultat, tous les noms de *lieu*, de *temps* et de *quantité* sont de vrais substantifs, tant qu'ils peuvent se traduire sans autre préposition que celles qui les accompagnent, et deviennent grammaticalement des *adverbes* ou des *modificatifs*, du moment qu'on ne peut les traduire sans l'addition d'une préposition que l'on doit regarder comme sous-entendue.

Je ne pousserai pas plus loin ces recherches, qui, une fois le principe reconnu, rentrent dans le domaine des grammaires particulières ; mais j'ai dû donner quelque développement à mon opinion, sous le rapport de l'analyse du langage.

FIN.

TABLE DES MATIÈRES.

PREMIÈRE CLASSE.

DES OBJETS.

SECONDE CLASSE.

DES RAPPORTS.

FIN DE LA TABLE.

A. PIHAN DELAFOREST,
Imprimeur de Monsieur le Dauphin et de la Cour de Cassation,
rue des Noyers, n° 37.

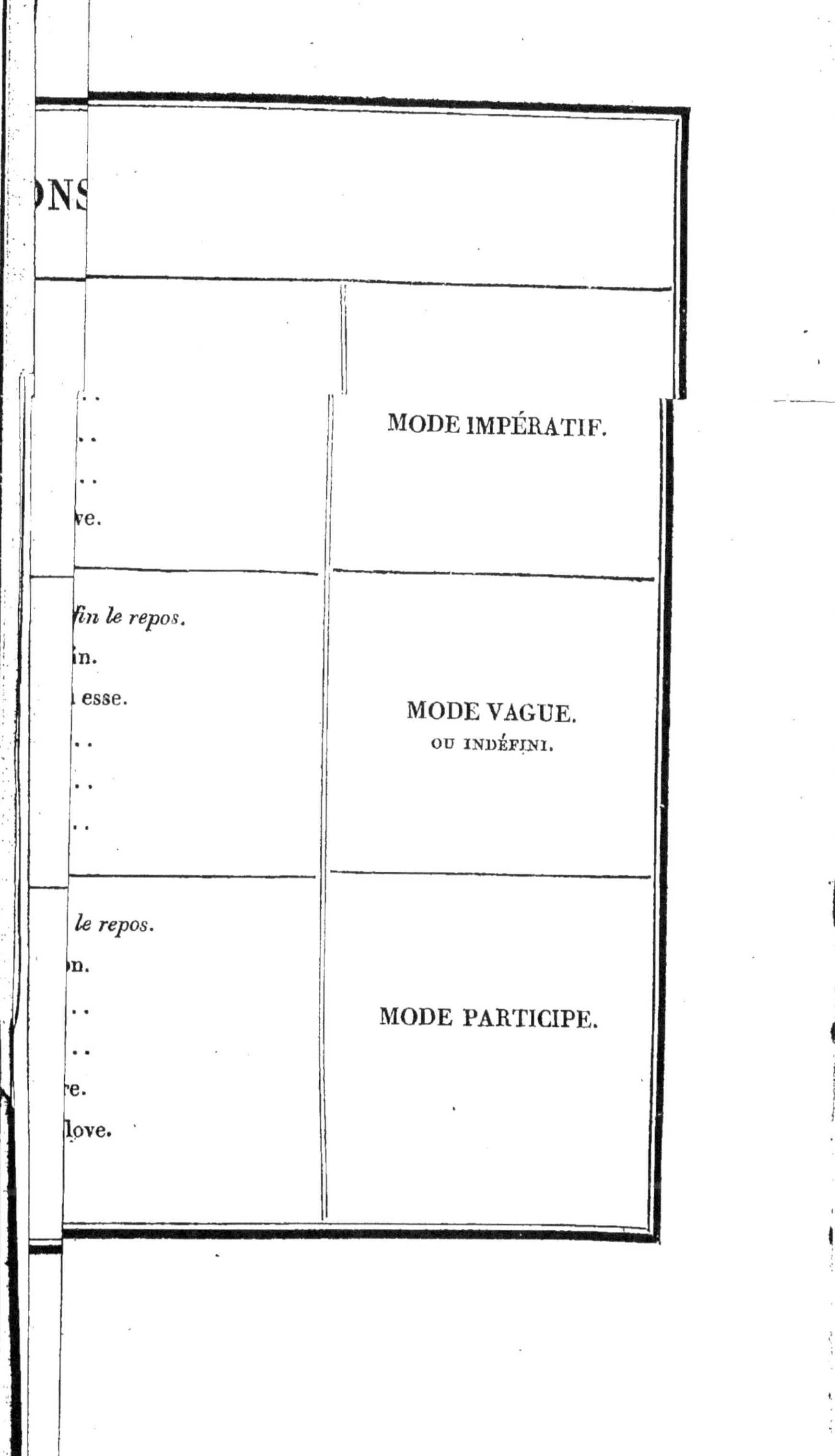

ONS

ve.

fin le repos.
in.
esse.

MODE IMPÉRATIF.

MODE VAGUE.
OU INDÉFINI.

le repos.
on.

re.
love.

MODE PARTICIPE.